Bettina C. Huber

Wir vom Jahrgang 1976

Kindheit und Jugend

Impressum

Bildnachweis:

Privatarchiv Bettina C. Huber: Umschlag, S. 5, 7, 9, 10, 12, 15, 16, 18 o./u., 19, 21, 22, 24, 26 o./u., 27 o./u., 28 l./r., 29, 31 l., 32 o., 34 o., 36, 37, 42 u., 43 u., 46, 47, 58, 60, 61, 62, 63; Unbekannt: S. 14, 35; Privatarchiv Miriam Lücke: S. 30; Geobra Brandstätter GmbH & Co. KG: S. 31 r.; Buchcover von Micheal Ende, „Momo" und „Die unendliche Geschichte", © Thienemann Verlag, Stuttgart - Wien: S. 34 u.; Dieter Schütz/pixelio.de: S. 41; Stadtbildstelle Essen: S. 55; ullstein bild – ullstein bild: S.8; ullstein bild – JazzArchivHamburg: S. 11; ullstein bild – Wolfgang Wiese: S. 32 u.; ullstein bild – Klöckner: S. 39; ullstein bild – C.T. Fotostudio: S. 45; ullstein bild – Werek: S. 49; ullstein bild – Heritage Images/Land of Lost Content: S. 51 o.; ullstein bild – Zucchi: S. 51 u.; ullstein bild – Bonn-Sequenz: S. 53; ullstein bild – Christian Bach: S. 57; ullstein bild – United Archives/90061: S. 59; picture-alliance/Rüdiger Schrader: S. 40; picture-alliance/dpa/Rolf Haid: S. 42 o.; picture-alliance/picture-alliance: S. 43 o.

Wir danken allen Lizenzträgern für die freundliche Abdruckgenehmigung.
In Fällen, in denen es nicht gelang, Rechtsinhaber an Abbildungen zu ermitteln,
bleiben Honoraransprüche gewahrt.

9. Auflage 2025

Gestaltung und Satz: r2 | Ravenstein, Verden
Druck: Druck- und Verlagshaus Thiele & Schwarz GmbH, Kassel
Buchbinderische Verarbeitung: Buchbinderei S. R. Büge, Celle

34281 Gudensberg-Gleichen • Im Wiesental 1
Telefon: 056 03/9 30 50 • www.wartberg-verlag.de
ISBN: 978-3-8313-3076-8

Vorwort

Liebe 76er!

In den 80ern wurden wir groß und in den 90ern erwachsen – langweilig wurde es dabei nie! Wir sind in der Ära des „ewigen Kanzlers“ Kohl aufgewachsen, haben aus kindlicher bzw. jugendlicher Perspektive historische Ereignisse wie die Wiedervereinigung und den WM-Sieg 1990 miterlebt – aber auch Katastrophen wie Tschernobyl und die Golfkriege.

Neben dem Weltbewegenden sind es aber vor allem die kleinen Dinge, die uns das Gefühl geben, vom selben Schlag zu sein, nämlich „echte 76er“: Erinnert Ihr Euch noch an Dolomiti-Eis, Netzhemden und BRAVO-Starschnitte? Oder an das Pop-Trio Bros, an „Dirty Dancing“ und die Weihnachtsserien „Silas“, „Patrick Pacard“ und „Anna“? Wisst Ihr noch, wie begeistert wir vorm C 64 saßen und „Pac Man“ spielten, wie stolz wir auf unseren ersten CD-Player waren und wie erwachsen wir uns bei unserer Interrail-Tour fühlten? Und wie befremdet und zugleich fasziniert wir von der ersten Techno-Party waren?

Das waren noch Zeiten, als es keine iPods, DVDs und schon gar keine Handy-Manie gab. Als wir unsere Klassenfahrt-Fotos noch ins Album klebten, statt sie auf der Festplatte zu vergessen. Und als wir (zumindest die Mädchen) noch Briefpapier sammelten, um ellenlange Briefe mit der Hand zu schreiben, anstelle flüchtiger E-Mails. Ein Hauch Nostalgie ist unvermeidlich, wenn man sich zurückerinnert. Manches mag aber auch befremdlich wirken – vor allem im Bereich der Mode gibt es einiges, was man erfolgreich verdrängt hat und gar nicht mehr so genau wissen möchte (... haben wir wirklich damals die Hosenbeine unserer Karottenjeans in die Tennissocken gestopft?!). Vor allem aber macht es großen Spaß zurückzudenken! Und es hat einen positiven Nebeneffekt: Es ist wie mit dem Aufräumen und Sortieren zugekramter Schubladen – man hat danach das gute Gefühl, die Dinge geordnet und sich Überblick verschafft zu haben. Viel Vergnügen beim Lesen!

Bettina C. Huber

Bettina C. Huber

1976-1978

Hallo, da sind wir!

Babyfreuden im Deutschen Herbst

Wir 76er dürfen uns mit keiner geringeren Schlagzeile schmücken, als dass die Weltbevölkerung just in unserem Geburtsjahr die 4-Milliarden-Grenze überschritt – einer von uns könnte bei seiner Geburt also theoretisch für diesen gigantischen Zahlenwechsel verantwortlich gewesen sein! Von den gesellschaftlichen Entwicklungen, die sich Mitte der 70er-Jahre vollzogen, betraf uns Winzlinge im Penatencreme-Universum vor allem die voranschreitende Frauenemanzipation, mit der ein neues weibliches Selbstbewusstsein verbunden war. Unsere Mütter wollten mehr eigene Gewissheit über ihren Körper, mehr „Körperkompetenz", und sie wünschten sich eine natürliche und wenig(er) technisierte Geburt. Durch diese neuen Ansprüche und Erwartungen kam Bewegung in die Diskussion um Schwangerenvorsorge, Geburtsmöglichkeiten und

Chronik

21. Januar 1976
In der zivilen Luftfahrt beginnt eine neue Ära: Die Concorde nimmt als erstes Flugzeug mit doppelter Schallgeschwindigkeit den Liniendienst auf: Paris – Dakar – Rio de Janeiro.

9. Mai 1976
Ulrike Meinhof nimmt sich im Gefängnis Stuttgart-Stammheim das Leben. Sympathisanten der bundesdeutschen Terroristenszene versammeln sich zu Protestkundgebungen. Sie geben dem Staat zumindest eine Mitschuld an Meinhofs Tod, denn sie betrachten Isolationshaft als Folter.

1. Februar 1977
Die erste Ausgabe der Frauenzeitschrift EMMA erscheint, herausgegeben von Alice Schwarzer. Die Emanzipationsbewegung hat ein Sprachrohr bekommen, welches dem (noch) gängigen Bild der betulichen Hausfrau eine Menge entgegenzusetzen hat.

16. August 1977
Mit nur 42 Jahren stirbt Elvis Presley, der König des Rock 'n' Roll, an Herzversagen. Die Nachricht verbreitet sich wie ein Lauffeuer um die Welt, und der amerikanische Präsident Jimmy Carter erklärt, dass der Tod Presleys das Land „eines Teils seiner selbst" beraubt habe.

5. September 1977
Hanns Martin Schleyer wird entführt. Es herrscht Ausnahmezustand in der BRD, Bundeskanzler Schmidt und sein Krisenstab stehen vor einer schweren Bewährungsprobe.

26. Juli 1978
Das erste Retortenbaby wird in der Nähe von London zur Welt gebracht. Die Geburt dieses im Reagenzglas gezeugten Kindes löst einen beispiellosen Medienrummel aus.

26. August 1978
Der DDR-Kosmonaut Sigmund Jähn landet als erster Deutscher im All. Nach acht Tagen kehrt er unversehrt zurück zur Erde.

16. Oktober 1978
Drei-Päpste-Jahr: Nach dem Tod von Paul VI. stirbt sein Nachfolger Johannes Paul I. nach 34-tägigem Pontifikat. Der neue Papst ist Johannes Paul II.

Kaum auf der Welt und schon hinter Gittern

Nachsorge. Dazu gehörte auch, dass unseren Vätern die Tür des Kreißsaals nicht mehr unbedingt vor der Nase zugemacht wurde, sondern dass sie die Möglichkeit erhielten, bei unserer Geburt dabei zu sein. Zahlreiche deutsche Krankenhäuser übernahmen zudem das sogenannte „Rooming-in"-Prinzip der Amerikaner, d. h. wir wurden in unseren kleinen Bettchen direkt nach der Geburt ins Krankenzimmer unserer Mutter geschoben. Denn das Stillen wurde zunehmend wieder ärztlich empfohlen und für die Gesundheit des Babys als förderlich angesehen.

Als wir das Krankenhaus verlassen durften und in den heimischen vier

Wänden angekommen waren, profitierten unsere Mütter – zunächst unter skeptischen Blicken unserer Großmütter – von einem neuen revolutionären Produkt, den Pampers, welche auf dem besten Weg waren, die Stoffwindel abzulösen. Wie in so vielen Bereichen herrschte natürlich auch hier nicht ungetrübte Einigkeit. Da Mitte der Siebziger ein ausgeprägtes ökologisches Denken auf dem Vormarsch war, entfachte sich eine heftige Diskussion darüber, ob ein solcher Plastikwindel-Müllberg zu rechtfertigen sei. Die Pampers-Gegner rechneten den Befürwortern vor, wie unverhältnismäßig es sei, dass die Nahrung für ein Baby letztlich genauso viel koste wie deren „Entsorgung" nach der Verdauung. Die gewitzte Standardantwort war in der Regel, dass das tägliche Einweichen und Waschen der vermeintlich umweltfreundlicheren Stoffwindeln einen Strom-, Wasser- und Waschmittelverbrauch voraussetze, den man unter ökologischen Gesichtspunkten erst recht nicht verteidigen könne. So ging es hin und her und die Pampers setzten sich schließlich doch durch. Sie waren einfach praktischer in der Handhabung.

Mit mindestens ebenso viel Leidenschaft war die Pro-/Contra-Diskussion um fertige Babynahrung im Schwange – Milupa, Hipp und Alete versus Muttermilch und Selbstgekochtem. Fanden die Frauen es einige Jahre zuvor noch ungeheuer praktisch, ihrem Neugeborenen das Fläschchen zu reichen, so setzte man wieder auf die Vorteile der Abwehrkräfte stärkenden Muttermilch. Viele misstrauten aus Angst vor Spritzgiften wie beispielsweise Nitrofen den Gläschen. Hätte diese Skepsis uns doch wenigstens um den Verzehr des völlig überschätzten Spinats gebracht! Aber nein, der Irrglaube, das grüne Gemüse sei eine überdurchschnittliche Nährstoff- und vor allem Eisenquelle, hielt sich beständig und bescherte uns unliebsame „Fütterungen" – und unseren Müttern jede Menge Arbeit, da sie nach den Mahlzeiten nicht selten die Küche und uns Kinder grundreinigen mussten. Rahmspinat ließ sich hervorragend durch die Gegend spucken.

Und diese Biene, die ich meine, die heißt Maja

In dem Jahr, in dem wir das Licht der Welt erblickten, hatte auch eine liebenswerte kleine Biene ihren ersten Auftritt. Am 9. September 1976 schwirrte sie zum ersten Mal über den ZDF-Bildschirm: Biene Maja, die vielleicht berühm-

Nicht nur Maja war neugierig und trug Streifen

teste Biene der Welt, nach der wunderbaren literarischen Vorlage Waldemar Bonsels, welche erstmals 1912 bei Rütten & Loening erschien und in über 40 Sprachen übersetzt worden war. Für die erfolgreiche Trickserie wurden einige neue Figuren geprägt, vor allem Majas treuer tollpatschiger Freund Willi, dem Eberhard Storeck durch seine prägnante Stimme einen unverwechselbaren Charakter gab. Aber auch die geschwätzige Maus Alexander und der altkluge Grashüpfer Flip kamen hinzu. Zum Ohrwurm wurde die deutsche Titelmusik, sie stammte von Karel Svoboda und wurde von niemand Geringerem gesungen als von Karel Gott. Ein internationales Team arbeitete an der Realisation der Serie: Die Redaktion saß in Mainz und München, die Autoren und Designer arbeiteten in Los Angeles und die Animatoren, die Regie und die Produktionsleitung waren im Trickfilm-Mekka Tokio tätig. Die neugierige und mutige kleine Biene Maja ist längst ein Klassiker des Zeichentricks, wahrscheinlich ist nur Micky Maus noch etwas berühmter ...

Das Jahr des Terrors

Dringend gesuchte Terroristen

- dreifachem Mord an Generalbundesanwalt Buback und zwei seiner Begleiter am 7. 4. 77 in Karlsruhe
- Mord an Jürgen Ponto am 30. 7. 77 in Oberursel
- vierfachem Mord und der Entführung von Hanns-Martin Schleyer am 5. 9. 77 in Köln
- Beteiligung an Entführung einer Lufthansa-Maschine am 13. 10. 77
- Mord an Hanns-Martin Schleyer am 18. 10. 77

werden die abgebildeten Personen gesucht.

Das Jahr 1977 war für die Bundesrepublik ein Jahr des Terrors. Zwar hatte die RAF („Rote Armee Fraktion") mit ihrer Kriegserklärung an den bundesdeutschen Staat zu keinem Zeitpunkt die Zustimmung der Bevölkerung gewinnen können, jedoch schuf sie mit ihren grausamen terroristischen Anschlägen in Deutschland eine Art Bürgerkriegsklima, das 1977 im sogenannten „Deutschen Herbst" eskalierte. Am 7. April ermordete die RAF Generalbundesanwalt Siegfried Buback und am 30. Juli bei einem gescheiterten Entführungsversuch den Chef der Dresdner Bank, Jürgen Ponto. Darauf folgten Bombenanschläge auf Justizgebäude in Karlsruhe und Kaiserslautern. Am 5. September brachte die RAF Hanns Martin Schleyer in ihre Gewalt, den Präsidenten des Bundesverbandes der Deutschen Industrie (BDI) und der Bundesvereinigung der Deutschen Arbeitgeberverbände. Bundeskanzler Helmut Schmidt konstatierte die „bisher schwerste Krise des Rechtsstaats", als er sich auf die harte Bewährungsprobe gestellt sah, den Erpressungsversuchen der RAF mit Entschiedenheit zu widerstehen. Die Lage spitzte sich dramatisch zu, als Mitte Oktober ein arabisches Terrorkommando die vollbesetzte Lufthansa-Maschine „Landshut" nach Mogadischu (Somalia) entführte, um der Forderung nach Freilassung inhaftierter RAF-Terroristen, unter ihnen Gudrun Ensslin, Andreas Baader und Jan-Carl Raspe, Nachdruck zu verleihen. Der Anti-Terror-Einheit „GSG 9" gelang am 18. Oktober die Befreiung des gekaperten Flugzeugs, wobei drei der Terroristen getötet wurden. Die RAF erschoss daraufhin Hanns Martin Schleyer, dessen Leiche am Folgetag aufgefunden wurde. Ungefähr zeitgleich begingen Gudrun Ensslin, Andreas Baader und Jan-Carl Raspe im Hochsicherheitstrakt des Gefängnisses Stuttgart-Stammheim Selbstmord.

Dänische Kekse und schwedisches Design

Ende der 70er hatten viele junge Eltern keine Lust mehr, ihren Sommerurlaub auf dem Teutonengrill an der italienischen Adria zu verbringen und mochten sich auch nicht an der spanischen Costa del Sol wie die Ölsardinen an den

Der Farb- und Muster-
wahnsinn der 70er-Jahre

Strand quetschen. Die Ferien-Neuentdeckung war damals Dänemark, das mit dem Auto und dem Nachwuchs auf dem Rücksitz gut zu erreichen war und sommerliches Strandvergnügen bei nicht ganz so hohen Temperaturen versprach. Urlaub in Dänemark galt als ausgesprochen kindgerecht. Besonders angetan waren unsere Eltern davon, in jeder noch so unspektakulären Gaststätte (man steuerte hauptsächlich Selfservice-Restaurants an, da die dänische Krone sehr stark und somit alles andere zu teuer war) einen Kinderstuhl angeboten zu bekommen und sie genossen das Gefühl, mit Kleinkindern überall hoch willkommen zu sein. Wir Kinder ließen uns die dänischen Hot Dogs, Kekse und warmen Pölser schmecken, die unseren Kinderzungen schmeichelten. Die Ferienwohnungen waren angenehm hell und luftig eingerichtet und somit eine wohltuende Abwechslung zu braun-orange gemusterten Vorhängen, dunklen Teppichen und Sofas. Überall dominierte helles, freundliches Holz und es gab herrliche Rattan- und Korbmöbel. Das skandinavische Wohndesign war im Begriff, den deutschen Geschmack auf seine Seite zu

Ideale Spielwiesen für die Kleinen: Dänemark

ziehen. Aus dem Urlaub brachte man sich Tassen und Besteck oder Blumenvasen mit, da man begeistert war von den klaren und reinen Formen, die man in deutschen Einrichtungshäusern lange suchen konnte. Alles, was nicht skandinavischem Design entsprang, empfand man zunehmend als schnörkelig spießig. Doch leider waren die nordischen Wohnobjekte meist zu teuer, um sich komplett damit einzurichten. Die Nachfrage war also längst in großem Maße vorhanden, als ein Konzern seinen Siegeszug antrat, der schwedisches Design zum Abholpreis bot: IKEA begann, sich in Deutschland auszubreiten. Die zuerst eröffnete Filiale bei München reichte längst nicht aus, um den gesamtdeutschen Bedarf an Billy, Ivar oder Sten zu stillen, und so breiteten sich die blau-gelben Möbelhäuser langsam in der ganzen Republik aus. Damals ahnte man noch nicht, dass der zunächst für besonders individualistisch gehaltene IKEA-Stil einem neuen Uniformismus Vorschub leisten würde: Unsere Jugendzimmer glichen sich später zum Teil wie ein Ei dem anderen, denn wir waren schließlich alle mit unseren Eltern bei IKEA gewesen, um sie auszustatten.

Johannes Paul II.

Innerhalb eines Jahres kam es zur zweiten Papstwahl: Nach dem Tod von Papst Paul VI. starb sein Nachfolger Papst Johannes Paul I. nach nur 34-tägigem Pontifikat. Am 16. Oktober 1978 wurde der Krakauer Kardinal Karol Wojtyla zum Papst gewählt – eine Sensation, denn er war das erste nichtitalienische Oberhaupt der katholischen Kirche seit mehr als 450 Jahren und der erste polnische Papst überhaupt. Karol Wojtyla nannte sich Papst Johannes Paul II. und stritt für eine behutsame Erneuerung und Öffnung der katholischen Kirche. Papst Johannes Paul II. sollte für uns 1976er unsere gesamte Kindheit und Jugend hindurch und bis ins Erwachsenenleben als feste Größe dazugehören. Er war der Papst mit der längsten historisch belegbaren Amtszeit. Er starb am 2. April 2005.

Prominente 76er

4. Jan. August Diehl, deutscher Schauspieler
25. März Wladimir Klitschko, ukrainischer Boxer
31. Mai Colin Farell, irischer Schauspieler
6. Juli Curtis Jackson alias 50 Cent, amerikanischer Rapper
10. Juli Lars Ricken, deutscher Fußballspieler
15. Juli Diane Kruger, deutsche Schauspielerin
25. Aug. Jan Delay, deutscher Musiker, „Beginner“
22. Sep. Ronaldo, brasilianischer Fußballspieler
26. Sep. Michael Ballack, deutscher Fußballspieler
4. Okt. Alicia Silverstone, amerikanische Schauspielerin
12. Nov. Judith Holofernes, deutsche Musikerin, „Wir sind Helden“
15. Nov. Virginie Ledoyen, franz. Schauspielerin und Model
22. Nov. Torsten Frings, deutscher Fußballspieler

Eine Heldin wie wir: Judith Holofernes

1979–1981

Die sorglosen Jahre: **Ernie, Bert und Dolomiti**

Als es noch Schnee zur Genüge gab

Schneeorkan und Schlittenpartie

1979 gab es den Jahrhundertwinter, den schneereichsten überhaupt seit Beginn der Wetteraufzeichnungen. Im Februar kam es zu einer schweren Schneekatastrophe in Norddeutschland. Der Wetterbericht kündete ab dem

Chronik

1. Februar 1979
Schiitenführer Khomeini kehrt aus dem Exil in den Iran zurück. Von Menschenmassen umjubelt, proklamiert er die Islamische Republik.

3. Dezember 1979
Der US-Dollar sinkt auf den niedrigsten Stand seit 1948 und notiert nur noch 1,71 DM. Trotz rapider Kursverluste bleibt er das Hauptzahlungsmittel der westlichen Welt.

10. Dezember 1979
Mutter Theresa, die indische Ordensschwester albanischer Herkunft, erhält in Oslo den Friedensnobelpreis für ihre großen Verdienste in den Slums von Kalkutta.

23. März 1980
Die soeben gegründete Bundespartei „Die Grünen“ verabschiedet die programmatischen Grundsätze ihrer Politik. In der Präambel werden die vier Kernpunkte ökologisch, sozial, basisdemokratisch und gewaltfrei ausgeführt.

4. November 1980
Ronald Reagan wird US-Präsident. Überraschend klar setzt er sich gegen den amtierenden Präsidenten Jimmy Carter durch.

8. Dezember1980
John Lennon wird vor seinem Wohnhaus in New York ermordet.

10. Oktober 1981
300 000 Menschen, so viele wie nie zuvor seit Bestehen der BRD, demonstrieren in Bonn für Frieden und Abrüstung.

29. Oktober 1981
Der britische Thronfolger Prince Charles ehelicht Lady Diana Spencer. 750 Millionen Fernsehzuschauer verfolgen das Spektakel in 52 Ländern!

31. Dezember 1981
In den USA tritt bei einigen Menschen erstmals eine schwere Immunschwäche mit tödlichen Auswirkungen auf. Unter dem Namen AIDS wird die Krankheit bald weltweite Bekanntheit erlangen.

12. Februar in regelmäßigen „Frontberichten“ vom Vorrücken der kalten Luftmassen aus Skandinavien, die auf die Warmluft in Mitteleuropa zu treffen und die Schneekatastrophe auszulösen drohten. Und tatsächlich ließen schon bald darauf orkanartige Schneestürme Schleswig-Holstein und Teile von Niedersachsen unter den Schneemassen ächzen. Schneehöhen von bis zu vier Metern machten Straßen- und Schienenverkehr unmöglich. Bis zu 18 Stunden warteten eingeschneite und im Stau steckende Autofahrer auf der Autobahn Hamburg – Hannover, bis Hilfe kam. Einzelne Höfe und kleine Dörfer wurden völlig von der Außenwelt abgeschnitten und vielerorts fiel der Strom aus. Glücklich schätzen konnten sich diejenigen, die noch mit einem Kachelofen heizten und ausreichend Batterien fürs Radio im Haus hatten: Im Hörfunk gab es Tipps zum Bau einer Kochstelle aus Feld- und Ziegelsteinen. Erst nach knapp zwei Wochen beruhigte sich die Großwetterlage, so dass die Bürgerinnen und Bürger wieder zum Alltag übergehen konnten. Der viele Schnee gab eigentlich nur Wintersportlern und uns Kindern Anlass zur Freude. Auch in den Jahren darauf konnten wir uns stets auf ausreichend Schneefall verlassen, um unseren geliebten Schlitten aus dem Keller zu hieven. Mit unseren Eltern am Wochenende rodeln zu gehen, war

eine Riesengaudi. Während des Spaziergangs zum Rodelberg ließen wir uns am liebsten den kompletten Weg lang gemütlich ziehen, um dann am Zielort umso umtriebiger zu werden. Den Hügel raufstapfen, um ihn gleich wieder runterzusausen – unzählige Male wiederholten wir diesen Spaß unter großem Gejauchze. Erst, wenn wir im Gesicht schon ein bisschen blau gefroren waren, schafften unsere Eltern es, uns zum Heimgehen zu überreden. Während sie gemütlich bei Kaffee und Kuchen saßen, tauten wir Kinder im warmen Wohnzimmer langsam wieder auf. Die schneereichen Winter waren für uns paradiesisch und wir vermissten sie auch noch, als wir eigentlich schon ein bisschen zu alt zum Schlittenfahren waren.

Frieden schaffen ohne Waffen

Um 1980 entstand eine außerparlamentarische politische Bewegung, die sich rasch vergrößerte und immer mehr Anhänger fand: Die Friedensbewegung. In breiten Bevölkerungskreisen wuchs die Angst, dass die BRD zum atomaren Kriegsschauplatz der Großmächte werden könnte, und man suchte nach Mitteln, dieser Befürchtung Ausdruck zu verleihen und sich gemeinsam dagegen starkzumachen. Demonstrationen und Appelle, Menschenketten und Sitzblockaden gehörten zu den Initiativen der Friedensbewegung, mit denen man sich gegen die aggressive Rüstungspolitik der USA und der Sowjetunion richtete. Unter dem Motto „Für Abrüstung und Entspannung in Europa" demonstrierten am 10. Oktober 1981 etwa 300 000 Menschen in Bonn gegen den NATO-Doppelbeschluss. Über 3000 Busse, ca. 8000 PKW und 41 Sonderzüge brachten die Demonstranten aus der ganzen Bundesrepublik in die damalige Hauptstadt. Der Protestmarsch, auch Sternmarsch genannt, und die anschließende vierstündige Kundgebung verliefen friedlich. Zu den Rednern auf der Bonner Hofgartenwiese gehörten u. a. Pastor Heinrich Albertz, Friedensforscher Alfred Mechtersheimer (CSU), Petra Kelly (Die Grünen), Erhard Eppler (SPD) sowie der Schriftsteller Heinrich Böll. Sie alle wendeten sich in ihren Reden gegen den NATO-Doppelbeschluss und brandmarkten das angebliche Nachrüsten als aggressives Wettrüsten.

Kleine Fratze
schneiden Fratzen

Von Nicki-Pullovern und Wassereis-Flecken

Beim Draußenspielen hinzufallen war nicht nur ärgerlich und meistens schmerzhaft – es kostete außerdem Zeit: die Zeit unserer Mütter und Großmütter, welche sich mit schöner Regelmäßigkeit daransetzten, unsere Hosen an den Knien zu stopfen und die in unsere Röcke gerissenen „Siebenen" zu flicken. Bestenfalls bekamen wir auf diesem Wege bunte Aufnäher auf die Kleidung gestickt oder gebügelt, kleine Enten, rote Äpfel oder runde Fußbälle.

Nicht wegzudenken waren aus unserer Kindergarderobe der samtige Nicki-Pullover und die Cordhose, gerne auch in Gestalt einer Latzhose. Jeder, der ältere Geschwister oder Cousins und Cousinen hatte, war vom Vererbungs-Phänomen betroffen, welches bedeutete, dass man nicht allzu häufig ladenneue Kleidung bekam. Warum auch, darauf kam es uns in diesem Alter zum einen noch nicht an – Hauptsache, die Sachen waren schön bunt – und zum anderen wuchsen wir schließlich so schnell, dass die Folge eine entsprechend hohe Klamotten-Fluktuation in unserem Schrank war. Schnell waren die Hosen und die Pulloverärmel wieder zu kurz. Was nicht vom Draußenspielen völlig

Schnelles Wachsen verursacht „Hochwasserhosen“

zerschlissen oder wegen hartnäckiger Caprisonne- oder Wassereis-Flecken (wahre Farbstoffschleudern: Dolomiti, Calippo, Flutschfinger, Cujamara Split) untragbar geworden war, wurde natürlich abermals weitervererbt.

AIDS – Eine tödliche Krankheit wird entdeckt

Am 3. Juli 1981 war in der „New York Times“ die Schlagzeile „Seltener Krebs bei 41 Homosexuellen“ zu lesen. Erst im Dezember desselben Jahres wurde die Erkrankung an der Immunschwäche AIDS als solche identifiziert. Es wurde darüber aufgeklärt, dass AIDS die Abkürzung für „Acquired Immune Deficiency Syndrome“ ist und dass es sich dabei um eine schwere Immunschwäche mit tödlichen Auswirkungen handelt. Umfangreiche Plakat-Kampagnen, Kino- und TV-Spots und AIDS als Unterrichtseinheit machten die Sache mit dem Sex noch komplizierter und vor allem auch angstbesetzter, als sie ohnehin schon war. Das Wort Aufklärung bezog sich nicht mehr nur auf Geschlechtsverkehr, Verhütung und Co., sondern umfasste von nun an auch die Möglichkeiten und Risiken, sich mit AIDS zu infizieren („Kondome schützen!“). Eine kleine rote Schleife wurde internationales Symbol für den Kampf gegen AIDS. AIDS setzte bei den Menschen viele Ängste, Vorurteile und Emotionen frei und war von Anfang an mit der Diskussion über Moral und Ordnungsvorstellungen verbunden.

Ab in die Badewanne!

Zusammen mit der kleinen Schwester oder dem Bruder in die schäumenden Fluten, das war stets ein großes Badevergnügen. Vor allem im Sommer, wenn man mit kurzen Hosen den ganzen Nachmittag draußen unterwegs gewesen war, brannte und bitzelte es zunächst bestialisch an den Knien und Ellenbogen: Ein jeder hatte seine Schürfwunden von Fahrrad- oder Rollschuhstürzen oder einer ungeschickten Kletteraktion zu beklagen. Wenn man diesen Schmerztest mit indianischer Größe überstanden hatte (denn die Losung lautete: „Ein Indianer kennt keinen Schmerz“), machte das Baden sehr viel Spaß. Man konnte sich gegenseitig so viel Wasser über den Kopf gießen, bis der andere nach Luft japste und versonnen sein Quietsche-Entchen durch die Wanne paddeln lassen. Wenn Mama sich zum Haarewaschen mit dem neuen Apfel-Schauma an den Wannenrad setzte, wurde es noch einmal brenzlig, denn Shampoo in den Augen war noch schlimmer als ein aufgeschlagenes Knie. Nach dem Bad wurden wir mit unserem Sesamstraßen-Badetuch trockengerubbelt, in den Frottee-Schlafanzug gesteckt und bekamen das Haar geföhnt, denn in der Küche warteten schon die Salamibrote auf uns, nach denen wir die Augen oft kaum noch offenhalten konnten. Schnell noch mit Blendi, unserer

Nur saubere Kinder sind gute Kinder

Kinderzahnpasta mit Himbeergeschmack, die Zähne geschrubbt und ab ins Bett. Wer noch nicht zu müde war, schaffte es vielleicht noch, ein paar Minuten von der Märchen-Kassette zu hören. Doch dann war nur noch das Kuschelkissen wichtig, mit dem wir fest im Arm zufrieden einschlummerten.

Plüschige ständige Begleiter

Auch wenn der Mercedes unter den Stofftieren einen Knopf im Ohr hatte und von der Firma Steiff kam, liebten wir am meisten einen kleinen Teddy oder Hasen, den wir bereits als Baby bekommen hatten und an dem das viele Knuddeln und Kuscheln wahrlich nicht spurlos vorübergegangen war. Dieses kleine Stoffbündel durfte uns anfänglich – genau wie das sogenannte Schnuffel-

Butterbrot macht Wangen rot

tuch – sogar in den Kindergarten begleiten. Sehr beliebt und in Mode waren eine Zeitlang auch die sogenannten Monchhichis, kleine Plüschäffchen mit einem Plastik-Gesicht im Kindchen-Schema, man konnte ihnen sogar den Daumen ins Mäulchen stecken und kleine Affenschaukeln für sie erwerben.

Kuscheltiere: Jeder hatte welche

Der Kindergarten war nicht nur eine Entlastung unserer Mütter, er war auch auf eine spielerische Art ein Übungsplatz für gesellschaftliches Miteinander. Wir lernten beim Spielen und Toben unter den Augen der warmherzigen, aber bestimmten Kindergärtnerinnen ein friedliches Miteinander und vor allem wurden wir behutsam an gewisse Regelmäßigkeiten und ein Mindestmaß an Ordentlichkeit gewöhnt. In vielen Kindergärten durfte sich jedes Kind eine Tierabbildung über einem der vielen Garderobenhaken aussuchen, um den Anorak eigenständig wiederzufinden, wenn die Gruppe raus zum Spielen ging. Und auch die kleine bunte Kindergartentasche, in die uns morgens das Butterbrot gepackt wurde, durfte hier baumeln, während wir bastelten, malten, sangen und „Vater, Mutter, Kind“ in der Puppenecke spielten. Dieselben Merk-Tierchen klebten in den Waschräumen über den kleinen Waschbecken, wo wir uns nach dem Frühstück gemeinschaftlich die Zähne putzten. Manch einer lernte im Kindergarten, mit Wachsmalstiften seinen Vornamen zu schreiben oder mithilfe von Bauklötzen bis zehn zu zählen. Nach Hause ging es jedenfalls erst, wenn wir unseren Raum wieder tipptopp aufgeräumt hatten. Die Kindergärtnerinnen brachten uns bei, dass Mütter nicht zum Hinterherräumen von Spielsachen da sind. Doch diese Lektion verinnerlichten die meisten von uns im heimischen Spielzimmer, ehrlich gesagt, mehr schlecht als recht.

Ernie und Bert lassen grüßen

Wir wuchsen mit allerhand pädagogisch wertvollen Kindersendungen auf. Je nachdem, wie viel Flimmerkiste uns täglich von den Eltern zugestanden wurde, war da zunächst das „Sandmännchen“. Es ging immer viel zu schnell vorbei. Manchmal, wenn wir bei den nachgiebigen Großeltern waren, durften wir noch ein zweites Sandmännchen schauen, das des DDR-Fernsehens. Es sah fast genauso aus, kam aber immer mit einem anderen Gefährt: Mal war es ein Fahrrad, dann ein Hubschrauber, einmal reiste es sogar mit einer Weltraumkapsel auf den Mond! Nach solchen Abenteuern waren wir dann aber wirklich müde und ließen uns bereitwillig ins Bett bringen.

Später waren unsere Lieblinge die Bewohner der „Sesamstraße“. Da waren zum einen der große, dicke Samson mit den blau-weißen Turnschuhen und dem riesigen Schnuffeltuch und die kleine, zierliche Tiffy mit dem spitzen Mundwerk. Und natürlich die unnachahmlichen Puppen aus dem amerikani-

Mindestens so gut wie Kinderfernsehen:
Pixie-Buch vorgelesen bekommen

schen Original: Der schusselige Grobi, der uns den Unterschied zwischen „nah" und „fern" erklären wollte, dem dabei aber immer irgendetwas schiefging und den wir deshalb umso mehr liebten, das kulleräugige Krümelmonster, das alles auffraß, was es in die Hände kriegte – am liebsten natürlich „Keeekseee" – Graf Zahl, bei dem wir zählen lernten und wohlig erschauerten, wenn er bei jeder runden Zahl ein gewaltiges Gewitter losdonnern ließ, – und natürlich Kermit, der Frosch, der gerne oberlehrerhaft dozierte oder als rasender Reporter „live" dabei war, wenn Rapunzel ihr Haar herunterlassen sollte und die ganze Perücke fallen ließ. Vor allem aber waren da Ernie und Bert, die Unzertrennlichen: Ernie, der alte Spitzbube, der sich ständig neuen Schabernack ausdachte, mit dem er seinen Kumpel Bert zur Weißglut brachte. Von dieser bunten, lauten und frechen Meute lernten wir fast alles, was wir brauchten – und zwar fast, ohne es zu merken. Es gab natürlich auch die ebenso spielerisch bildende „Sendung mit der Maus", welche uns schon im Vorspann mit dem Klang der vielen Sprachen dieser Welt vertraut machte, und schließlich die linksalternative Reihe „Löwenzahn" mit Peter Lustig – nach dem Motto: Früh übt sich, wer ein ökologisch denkender kleiner Bürger werden möchte. Das Fernsehen war von einem lehrreichen Touch geprägt und hatte seinen festen Platz am Tag: Das Sandmännchen und die Sesamstraße gab es kurz vor oder nach dem Abendbrot, und die Lach- und Sachgeschichten der „Sendung mit der Maus" guckten wir sonntagvormittags, während unsere Eltern entweder in Ruhe ausschlafen oder sich um andere Dinge kümmern wollten, als um die Unterhaltung ihrer Sprösslinge.

1982-1985

Schule, Schnitzeljagd und Spielabende

Zuckertüte und Scout-Ranzen

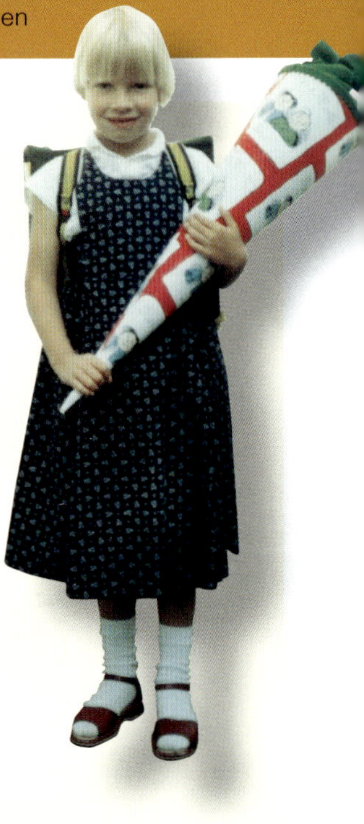

„Wenn du erst einmal zur Schule gehst ..."

Die Einschulung war ein über die Maßen aufregender Tag. Unsere Eltern, Großeltern, Onkel und Tanten hatten uns schon Wochen zuvor mit ihren Kommentaren furchtbar neugierig gemacht. Wie sich das wohl anfühlen würde, wenn ein neuer Lebensabschnitt beginnt? Bis dato hatten wir doch eigentlich ein wunderbar sorgloses Dasein gehabt, doch nun sollte etwas ganz Neues auf uns zukommen: Lesen, schreiben und rechnen lernen, Hausaufgaben machen und Klassenarbeiten schreiben. Unseren Schulranzen bekamen wir im Laufe des Sommers vor der Einschulung geschenkt, so dass wir genügend Zeit hatten, unsere

Chronik

1. Juni 1982
Der „Fußballkaiser“ Franz Beckenbauer gibt die Beendigung seiner aktiven Laufbahn bekannt. In seinem letzten Spiel (Hamburger SV gegen die Nationalelf) fabriziert er ein Eigentor.

1. Oktober 1982
Helmut Kohl wird Bundeskanzler. Das konstruktive Misstrauensvotum gegen Helmut Schmidt hinterlässt einen bitteren Nachgeschmack.

25. April 1983
Das Hamburger Magazin „stern“ stellt auf einer Pressekonferenz einen sensationellen Fund, die angeblichen Tagebücher Adolf Hitlers, vor und kündigt deren Abdruck an. Wenig später erweisen sich die Dokumente als grobe Fälschung.

26. April 1983
Die CDU/CSU/FDP-Regierung beschließt den konsequenten Ausbau der Kernenergie. Der Schnelle Brüter in Kalkar am Niederrhein und der Hochtemperaturreaktor in Uentrop-Schmehausen sollen fertiggestellt und in Betrieb genommen werden.

23. Mai 1984
Richard von Weizsäcker wird mit großer Mehrheit zum neuen Bundespräsidenten gewählt.

3. Juli 1984
In Alaska beginnt die alljährliche Robbenjagd, obwohl es dagegen massive Proteste von Tierschützern gibt. Unter anderen engagiert sich Brigitte Bardot medienwirksam gegen das Robbenschlachten. In der Europäischen Gemeinschaft herrscht seit 1983 ein Einfuhrverbot von Robbenfellen.

11. März 1985
Einen Tag nach dem Tod Konstantin Tschernenkos wählt das Zentralkomitee der KPdSU den 54-jährigen Michail Gorbatschow zum Generalsekretär. Der Sowjetunion steht damit die „Perestroika“ ins Haus.

7. Juli 1985
Der 17-jährige Boris Becker gewinnt in Wimbledon die 99. All-England-Tennismeisterschaft.

Federmäppchen inkl. Tintenkiller und „Ratzefummel“ sowie unsere Malkästen zu inspizieren und vorsichtig auszuprobieren. Mit dem Füller wussten wir noch nicht so richtig umzugehen. Der Nachbarschaftsvergleich brachte zumindest schnell ans Licht, dass es zwei konkurrierende Hersteller gab: Geha und Pelikan. Bei den Schulranzen hielt hingegen eindeutig Scout das Monopol und übertrumpfte die Marke Amigo mühelos. Am meisten freuten wir uns aber auf unsere Zuckertüte, die meistens fast so groß wie ihr stolzer Besitzer war. Neben weiteren Schulutensilien und Süßigkeiten befand sich bei manchen darin die erste kleine Armbanduhr oder ein Quartett-Kartenspiel für die große Pause (Auto-, Flugzeug- und Fußballquartetts waren der Renner!). Die Mädchen ahnten noch nicht, welche große Schulhof-Leidenschaft ihnen kurz bevorstand: Der Gummitwist, welcher Anfang der 80er-Jahre eine große Renaissance erlebte. In den Pausen wurde gehüpft, was das Zeug hielt, und die besonders sportlichen Mädchen gelangten in ihrer Schulklasse zu Ruhm und Ehre. Manch- mal durfte auch ein Junge mitmachen, aber das war eher die Ausnahme. Die Jungs mussten sich schließlich permanent um ihre Fertigkeit im Umgang mit dem Ball kümmern, sei es mit dem Fuß-, Tennis- oder Softball.

23 Abc-Schützen

Sicherlich hatte der eine oder andere im Kindergarten bereits einen Namensvetter getroffen, aber in der ersten Klasse waren wir mit noch ganz anderen Dimensionen der Namensgleichheit konfrontiert: Es gab eine illustre Anzahl von Florians, Matthias', Kathrins, Julias, Christians und Sandras und es war für viele erst einmal gar nicht so einfach, mit diesen Dopplungen und Verdreifachungen klarzukommen. Wir behalfen uns daraufhin mit aberwitzigen Spitznamen oder redeten uns forsch mit Nachnamen an, was unseren Eltern die Haare zu Berge stehen ließ, jedoch nichts weiter als kindlicher Pragmatismus war.

Der ewige Kanzler

Unsere Eltern hielten anfangs nicht viel von ihm. Helmut Kohl, das war doch dieser pfälzische Riese, der mit Dialekt sprach, gerne Saumagen aß und in gehässigen Zeitungskommentaren gerne Birne genannt und mit einer solchen als Kopf oft karikiert wurde. Dass dieser Kohl den geschliffen-vornehmen Hanseaten Helmut Schmidt ablösen sollte, konnten sie sich kaum vorstellen. Und doch war er plötzlich da: „Bundeskanzler Kohl per Misstrauensvotum gewählt", meldeten die Nachrichten am 1. Oktober 1982. Und ... er blieb! Für uns Kinder wurde er zu einem „Kanzler für immer". Als er antrat, waren wir gerade sechs und hatten vom Amt des Bundeskanzlers noch keinen blassen Schimmer; als er 1998 schließlich abdankte, waren wir 22. Wir waren erwachsen geworden und hatten bewusst nie einen anderen als Kanzler Kohl erlebt.

Kanzler Kohl

Am 1. Oktober 1982 wird der 52-jährige Vorsitzende der CDU/CSU-Bundestagsfraktion und ehemalige rheinland-pfälzische Ministerpräsident Helmut Kohl zum Bundeskanzler gewählt. Möglich geworden war dies durch den Bruch der sozialliberalen Koalition von Kanzler Helmut Schmidt, in dessen Folge Kohl ein konstruktives Misstrauensvotum gegen Schmidt mit den Stimmen von CDU/CSU- und FDP-Fraktion gewinnt. Im März 1983 wird dieses Bündnis durch Neuwahlen bestätigt, doch die von Kohl angekündigte „geistig-moralische Wende" bleibt aus. Im Gegenteil: Die Massendemonstrationen gegen die Stationierung von atomaren US-Mittelstreckenraketen in Deutschland und die Flick-Parteispendenaffäre, bei der auch Kohl vor den Untersuchungsausschuss geladen wird, machen dem neuen Kanzler das Leben schwer. Bei der Bundestagswahl 1987 wird er zwar trotz Stimmenverlusten wiedergewählt, doch bald darauf scheint er am Ende: Einen Putschversuch beim CDU-Parteitag 1989 kann er nur mühsam abwehren. Doch dann drängt die friedliche Revolution in der DDR und Osteuropa alle innenpolitischen Probleme in den Hintergrund. Kohl nutzt die Gunst der Stunde und stellt bereits kurz nach dem Fall der Mauer im Alleingang einen „Zehn-Punkte-Plan zur Überwindung der Teilung Deutschlands und Europas" vor. Gemeinsam mit Außenminister Genscher gelingt es ihm, die Bedenken der Alliierten gegen ein wiedervereinigtes Deutschland auszuräumen. In der Nacht zum 3. Oktober 1990 ist es soweit: Mit dem Beitritt der fünf neu gegründeten ostdeutschen Bundesländer wird die Einheit vollzogen. Bei der ersten gesamtdeutschen Bundestagswahl im Januar 1991 wird Kohl als „Kanzler der Einheit" klar wiedergewählt. Was nur wenige ahnen: Er hat gerade erst die Hälfte seiner Amtszeit hinter sich.

Schnitzeljagd und Mohrenköpfe

Wir wussten schon früh, wie man richtig Feste feiert, oder besser gesagt, unsere Eltern richteten uns wahrlich hingebungsvoll unsere Kindergeburtstage aus. Es begann etwas zäh, denn die Einladungen mussten wir meistens handschriftlich (in Schönschrift!) verfassen. War man zu einem Geburtstag eingeladen, dann musste man sich zusammen mit den Eltern um ein Geschenk kümmern, mehr als zehn Mark sollte es nicht unbedingt kosten. Die Jungs bekamen oft „Drei ?"-Kassetten oder Modellflugzeuge geschenkt, die Mädchen eher Schneider-Bücher („Hanni und Nanni"), bunt gemustertes Briefpapier oder ein Poesiealbum. Nachdem man seine Hausaufgaben gemacht hatte, zog man sich hübsch an, bekam die Haare gekämmt und zog los, um pünktlich um

Hoch im Kurs auf Geburtstagen: Schatzsuche und Schnitzeljagd

15 Uhr an der Tür des Geburtstagskindes zu klingeln. Dort wartete dessen Mutter mit einer Kuchentafel und einer großen Kanne Nesquik oder Kaba (im Sommer auch gerne mit Quench, dem knallgelben Instant-Fruchtsaftgetränk). Nachdem die Geschenke ausgepackt waren, gab es Mohrenkopftorte, Kalten Hund und den neu kreierten Fanta-Kuchen, und dann wurde vom Eierlaufen übers Topfschlagen und Räuber- und Gendarm-Spiel bis hin zur Schnitzeljagd oder Schatzsuche, vom Gastvater ausgetüftelt, ein unbeschwerter Nachmittag verbracht. Nach Pizza, Spaghetti oder Würstchen mit Kartoffelsalat war die Feier zu Ende. Meistens bekam man noch ein kleines Tütchen mit Süßigkeiten mit auf den Weg und wer unvorsichtig war, verdarb sich hiermit dann endgültig den Magen.

Kuchen und Torten für die Geburtstagsgäste

Wer bei Erwachsenen-Feiern aufbleiben durfte, freute sich diebisch

Spieleabende und Prime-Time-Fernsehen

Manchmal wurden am Wochenende Spiele herausgeholt, die sowohl für Erwachsene als auch für Kinder spannend sein konnten: „Maumau" mit verschärften Regeln („Mörder-Maumau"), „Uno" oder das Würfelbecher-Spiel „Kniffel". Noch beliebter bei uns waren gemeinsame Fernsehabende, wenn eine der großen Spielshows oder Quizsendungen liefen. „Einer wird gewinnen" mit Hans-Joachim Kulenkampff, „Wetten, dass ..." mit Frank Elstner und „Auf los geht's los" mit Joachim „Blacky" Fuchsberger hießen diese beliebten Formate, die meistens der ganzen Familie gute Unterhaltung boten. Wir Kinder liebten den Moment, wenn wir – meistens schon im Schlafanzug, um im Anschluss an die Show direkt ins Bett springen zu können – aufs braune oder grüne Cord-Sofa gekuschelt saßen und der feierlichen Eurovisionsfanfare lauschen durften, die stets vor Sendungsbeginn ausgestrahlt wurde. Besonders großes Vergnügen, oder besser gesagt diebische Freude bereitete uns die Show mit der versteckten Kamera „Verstehen Sie Spaß?" mit Kurt Felix und Paola und wir sahen auch furchtbar gerne Rudi Carrells „Die verflixte Sieben" („Das wäre Ihr Preis gewesen ...!") oder aber seine Politsatire „Rudis Tagesshow", die auch für Kinder größtenteils verständlich war.

Fleisch- und Käsefondue waren die neuen Modegerichte

Grillen wurde immer beliebter

Sommerfreuden

Im Sommer war bei unseren Eltern das Grillen beliebt. Über vielen Gärten und Schrebergärten, Balkonen und Grillplätzen im Wald sah man bei gutem Wetter die Rauchschwaden ziehen. Nicht fehlen durfte beim Grillvergnügen das Ketchup, das als Nahrungsmittel von uns Kindern so sehr geliebt wie von unseren Eltern geächtet wurde. Wir hätten am liebsten alles mit Ketchup gegessen! Durften wir aber nicht. Beim Grillen hatte das amerikanische Erfolgsprodukt geschmacklich wenigstens seine Berechtigung. Oft kamen wir Kinder mit einem Bärenhunger direkt aus dem Freibad, wo wir den ganzen Nachmittag damit beschäftigt waren, vom Ein- oder Dreimeterbrett zu springen, uns gegenseitig unter Wasser zu ducken und uns am Schwimmbad-Kiosk für eine Tüte Waffelbruch, Eis am Stiel oder Pommes anzustellen. Die Kiosk-Leckereien hatten natürlich ihren Preis und wurden nicht unbedingt von den Eltern gesponsert, und so reichte das Taschengeld manchmal bloß für ein bisschen Esspapier, ein paar Cola-Fläschchen (aus Weingummi) oder einige grüne und rote Schnüre.

„Da da da, ich lieb' dich nicht, du liebst mich nicht"

Die Neue Deutsche Welle schwappte auch über uns Abc-Schützen hinweg und begeisterte uns, obwohl wir eigentlich für Pop und Rock noch ein bisschen zu klein waren. Das gute an Trio, Ideal, Spliff, Extrabreit und der Spider Murphy Gang war ja, dass sie alle deutsch sangen und wir die Texte verstehen – wenn auch nicht immer begreifen – konnten. Fröhlich mitzugrölen war also kein Problem und machte vor allem Spaß, als die zweite Welle anrollte und Nena, Peter Schilling, DÖF und Geier Sturzflug in die Charts spülte. Auch wenn die älteren Nachbarskinder spätestens jetzt ausstiegen und es einfach nur noch „voll peinlich" fanden, wenn DÖF im Sauseschritt gedüst kamen und die Liebe von ihrem Himmelsritt mitbrachten – die Hits unserer Kindheit standen nun fest: „99 Luftballons" und „Major Tom. Völlig losgelöst" wurden zum Ohrwurm des Jahres 1983.

Mittwochabends saßen wir gebannt vorm Fernseher, um einen Auftritt unserer Helden bei Dieter Thomas Heck in der „Hitparade" zu erheischen.

Fahrrad fahren – mit Stützrädern

In unserem kindlichen Alltag spielten ein Fahrrad, ein Roller, Rollschuhe oder vielleicht sogar ein Kettcar eine sehr große Rolle. Sich auf Rädern fortzubewegen, war das Größte und einzig Wahre, und deshalb begann, wenn das Wetter es zuließ, eigentlich jeder Nachmittag beim Draußenspielen auf zwei Rädern. Freilich gehörte nur zu den „Großen", wer es geschafft hatte, seine Stützräder endlich loszuwerden. Der Tag, an dem der Vater oder

Heiß begehrt: Der fahrbare Untersatz

Onkel beschlossen, dass der Gleichgewichtssinn des Anfängers es mittlerweile erlaubte, ohne Hilfestellung zu radeln, war von einem Triumphgefühl geprägt, das durchaus mit der Entgegennahme des Führerscheins zu vergleichen ist! Manche bekamen sogar ein Fahrrad ohne Rücktritt und mit Gangschaltung geschenkt. Im Grunde war es aber egal, wie gut es gerüstet war, es war das pure Freiheitsgefühl, das uns bei wehendem Haar und flatterndem T-Shirt durchströmte.

Der Teppichboden als Spielwiese

Wenn die Wetterlage es nicht zuließ, nach den Schulaufgaben sofort nach draußen zu gehen und die anderen zu treffen, waren wir froh, dass unsere Spielzimmer oder wahlweise diejenigen der Nachbarskinder (irgendwo tummelten sich immer mehrere Kinder auf einmal, während ein anderes Spielzimmer für den Nachmittag verwaiste) mit Playmobil-Männchen, Lego-Bausteinen, Matchbox-Autos, Fischer-Technik-Kästen und Barbie-Puppen ausgerüstet waren. Auch der Velours-Teppichboden konnte eine Spielwiese sein! Zwar spielten die Mädchen sehr gern auch mit Jungen-Spielzeug – dass man einen Jungen beim Frisieren einer Barbie-Puppe antraf, war jedoch eher selten der Fall. Überhaupt hatten im Fall der blonden Zierpuppe mit der Wespentaille und ihrem kernigen Gespielen Ken die durch die Frauenbewegung erfolgreich aufgebrochenen Geschlechterrollen einen herben Rückschlag zu erdulden. Die

Barbie, die „Feindin“ der emanzipierten Frau

Am liebsten spielten wir draußen mit den anderen

vollbusige Barbie ließ sich in ihrer Eitelkeit wunderbar auf genau das reduzieren, was Frauen nicht mehr in erster Linie sein wollten. Emanzipierte Mütter sahen ihre Töchter überhaupt nicht gern mit ihr hantieren. Letztlich war es jedoch auch nur eine Puppe und nichts weiter, und der „Schaden", den das weibliche Selbstbewusstsein abbekam, sicherlich nicht ganz so groß wie befürchtet.

Ausgerechnet ein Stuntman wird zum Kinderhelden

Wenn wir abends gegen sechs völlig abgetobt vom Draußenspielen hereinkamen oder keine Lust mehr auf die Beschäftigung in unserem Spielzimmer hatten, hofften wir zumeist auf die Erlaubnis, die eine oder andere Vorabendserie im Fernsehen anschauen zu dürfen. Dies war ein sehr beliebter Zeitvertreib, bevor es – vor allem im Sommer – in die Badewanne ging, um die grauschwarze Patina eines wilden Versteckspiels oder des Höhlenbauens im Garten von den Händen und Füßen zu waschen. Eine Fernseherlaubnis gab es jedoch nicht jedes Mal, und es herrschte in der Nachbarschaft bei den Eltern

Fernsehen so oft wie erlaubt

auch nicht immer unbedingte Einigkeit darüber, welches Programm pädagogisch wertvoll oder aber als das genaue Gegenteil einzustufen sei. Besonders die – natürlich amerikanische – Serie „Ein Colt für alle Fälle", welche von uns ein besonders heiß geliebtes Stück Fernsehen war, schied die Geister. Sie erfüllte in keiner Hinsicht die Anforderungen an den kindgerechten TV-Genuss. Vielleicht war sie deshalb so begehrt. Wir versammelten uns also, sofern dies halbwegs unbemerkt möglich war, vor genau jenem Fernsehgerät, das nicht unter der Bewachung von einem Elternteil stand – oder aber wir trafen uns bei den Kindern zu Hause, deren Eltern kein Problem mit amerikanischen Vorabendserien hatten. Und dann fieberten wir mit, wenn Colt, Howie und Jodie ihre Abenteuer in Los Angeles zu bestehen hatten. Colt Seavers, dieser in unseren Augen wahnsinnig gewitzte und coole Hollywood-Stuntman, der in seinem zweiten Leben als Kopfgeldjäger gegen das Böse kämpfte – er genoss unsere größte Verehrung und Bewunderung, und es stellen auch heute noch viele 76er in Gesprächen über die Kindheit belustigt fest, beim gemeinsamen Spielen die Lieblingsserie mit verteilten Rollen nachgestellt zu haben. Ähnliches ist zu sagen über das „Trio mit vier Fäusten", „Das

Dank der Fernsehwerbung wussten wir immer genau, was wir wollten

A-Team“ und Jennifer und Jonathan Hart in „Hart aber herzlich“. Zugegebenermaßen handelt es sich aus heutiger Sicht dabei um nichts anderes als amerikanischen Serien-Trash. Dennoch war Colt Seavers der unangefochtene Held des Vorabendprogramms.

Wir wussten neben unserer Vorliebe für „Colt“ natürlich auch das Fernsehprogramm zu schätzen, das eigens für uns Kinder bestimmt war und in dem es friedlich und fantasievoll zuging. Nils Holgersson, der mit den Wildgänsen davonflog, Dr. Snuggles, der liebenswert verrückte Erfinder und Tüftler oder Tom & Jerry wussten uns durchaus in ihren Bann zu ziehen.

Kabelfernsehen

Ein neues Medienzeitalter beginnt: Am 1. Januar 1984 wird das duale Rundfunksystem freigeschaltet. Die ersten Kabelprogramme, teils von öffentlich-rechtlichen, teils von privaten Programmanbietern, gehen auf Sendung. Manege frei für RTL, SAT.1, Pro 7 und Co. Während die einen sich davon Informationsvielfalt versprechen, fürchten die anderen geistige Verflachung und Verdummung. Mit Einführung des Kabel- und Satellitenfernsehens beginnt auch die Beteiligung der privaten Wirtschaft an den Rundfunksendern, damit wird das Monopol von ARD und ZDF auf dem Gebiet von Rundfunk und Fernsehen aufgehoben.

Lesen, hören, sehen: Unendliche Geschichten

Wir liebten Michael Endes Geschichten heiß und innig und lasen alles mindestens zweimal, angefangen bei „Jim Knopf und Lukas der Lokomotivführer“ (von der Augsburger Puppenkiste zauberhaft in Szene gesetzt), über das tapfere „Traumfresserchen“ und die kluge „Momo“ bis hin zur „Unendlichen Geschichte“. Als die letztgenannten beiden Geschichten verfilmt wurden, bettelten wir unsere Eltern an, doch mit uns ins Kino zu gehen, und während diese dort ein kleines Nickerchen hielten, erlebten wir traumhafte Nachmittage. Es fiel uns schwer, uns aus diesen herrlichen Fantasie-Universen wieder zu befreien und uns auf den nächsten Schultag zu konzentrieren. Wir beneideten

Stets Verhandlungssache: Abends im Bett lesen oder Kassette hören

Radost Bokel um ihre wunderbare Filmrolle als wuscheliger Lockenkopf Momo und wünschten uns einen väterlichen Freund wie Beppo, den Straßenkehrer. Neben Michael Ende waren natürlich Otfried Preußler, Astrid Lindgren und Enid Blyton die Autoren unserer Kindheit, wie sie es auch bei vorangegangenen Generationen bereits gewesen waren. Ihre zeitlosen Geschichten waren einfach nicht wegzudenken aus den Kinderzimmern und behielten über Jahrzehnte hinweg ihren Reiz. Neben den großartigen Verfilmungen einiger Bücher (auch „Ronja Räubertochter“ wurde zu einem großen Erfolg) kam noch ein weiteres Medium hinzu, das die alten Geschichten lebendig hielt: Die Hörspielkassette. Besonders der Europa-Verlag machte sich um zahlreiche Editionen verdient, die Einzug in unsere Kassettenregale hielten. Oft lasen wir erst die Bücher und waren dann furchtbar neugierig auf die entsprechenden Hörspiele, die wenig später erschienen. Manche Vertonungen existierten aber auch schon seit Ende der 70er und waren bereits zu richtigen Klassikern geworden, „Die drei ?“ zum Beispiel. Dieses Genre pfiffiger Kinderbanden, die gemeinsam Kriminalfälle aufklärten, faszinierte uns besonders. Ebenso gern wie die Geschichten von Justus Jonas und Co. lasen und hörten wir „TKKG“ (alias Tarzan, Karl, Klößchen und Gaby) und Enid Blytons „Fünf Freunde“. Nur für

Klassiker im Bücherregal

Mädchen bestimmt war eine umfangreiche Serie von Schneider Büchern (ebenfalls nach der Originalvorlage von Enid Blyton), die von „Hanni und Nanni" handelten und nach folgendem Strickmuster funktionierten: Die Zwillinge Hanna „Hanni" O'Sullivan und Marianne „Nanni" O'Sullivan leben seit ihrem zwölften Lebensjahr im Mädcheninternat Lindenhof. Nanni, die Jüngere, ist eine ruhige, vernünftige Natur, während Hanni wild und unbefangen ist und nie stillsitzen kann. Zusammen mit ihren Mitschülerinnen und dem Internatspersonal erleben sie viele turbulente Abenteuer, und trotz Rivalitäten und plötzlich auftauchender Probleme geht am Ende immer alles gut aus. Ein Glück.

Jute statt Plastik!

Es entstand in den 80ern ein geschärftes Bewusstsein dafür, dass wir in einer Wegwerfgesellschaft lebten und dass der Müll zum einen von vornherein reduziert und zum anderen zur adäquaten Entsorgung getrennt werden musste. Aluminiumfolie wurde fortan verteufelt und nur noch von politisch unkorrekten Müttern zum Einwickeln der Pausenbrote verwendet und wer Batterien in den Hausmüll gab, galt als nahezu kleinkriminell. Zu Recht! Wir waren früh an diese Themen herangeführt und auf umweltbewusstes Verhalten geeicht worden. Unsere Klassenlehrerin hatte uns im Sachkundeunterricht nicht nur erklärt, dass lediglich eine kleine Knopfbatterie sechs Millionen Liter Grundwasser zu verseuchen im Stande sei und dass es in ökonomisch-ökologischer Hinsicht wesentlich besser sei zu duschen, als ein Vollbad zu nehmen, sondern sie hatte uns auch gezeigt, wie man eine entleerte Milch- oder Safttüte Platz sparend zusammenfalten sollte, um den Müllberg nicht unnötig noch weiter anschwellen zu lassen. „Jute statt Plastik!" wurde zur Losung der Umweltbewussten. Partys, die völlig sorglos mit Einweggeschirr und Besteck

bestritten wurden, gab es kaum noch. Und wenn, dann war die nächste Grundsatzdiskussion nicht weit und der Gastgeber musste sich in Acht nehmen, am Ende nicht als unmoralischer und unsozialer Ignorant dazustehen – als Umweltverschmutzer eben.

Das deutsche Tenniswunder

Am 7. Juli 1985 gelang dem 17-jährigen Boris Becker die größte Sensation in der Geschichte des deutschen Tennissports: Als erster Deutscher und jüngster Spieler aller Zeiten gewann er das legendäre Tennisturnier von Wimbledon und wurde über Nacht zum Superstar. Tennis – das war in Deutschland bis dato eher eine Randsportart gewesen. Doch nachdem wir „Bumm-Bumm-Boris“ mit den rotblonden Haaren und den Sommersprossen zugeschaut hatten, wie er mit seinem „Becker-Hecht“ nach den kompliziertesten Bällen sprang (und sie bekam!), änderte sich das schlagartig: Wir wollten Tennis spielen und mindestens der neue Boris oder die neue Steffi Graf werden, welche inzwischen ebenfalls mit sensationellen Tennis-Triumphen auf sich aufmerksam gemacht hatte. Also quengelten wir so lange bei unseren Eltern, bis sie uns beim nächsten Tennisverein anmeldeten. Diese wuchsen damals so schnell wie nie zuvor, ihre Mitgliederzahlen verdoppelten sich in den 80er-Jahren. Doch schon nach einer Weile ließ der Elan nach. Der teure Tennisschläger verstaubte auf dem Dachboden, denn wir hatten längst einen neuen sportlichen Traum: Ballett! Im Fernsehen lief gerade die Weihnachtsserie „Anna“ und Silvia Seidel hatte es doch schließlich auch zur Primaballerina geschafft.

Der Sport fordert seine Opfer ...

1986–1989

Wet Gel, Walkman und die radioaktive Wolke

Die radioaktive Wolke

Die 80er-Jahre waren von kleinen und größeren technischen Revolutionen geprägt. Es bereicherten uns von jenem Jahrzehnt an der bezahlbare Computer, der schwer programmierbare Videorecorder, der CD-Player und das öffentliche Kartentelefon. Es gab jedoch auch ein Ereignis, das den Fortschritts- und Technikglauben nicht bestärkte, sondern im Gegenteil schwer und nachhaltig erschütterte: der atomare Super-GAU – es bedurfte schließlich „lediglich" eines schlecht gewarteten Atomkraftwerks im ukrainischen Tschernobyl, um eine atomare Katastrophe herbeizuführen. Am 26. April 1986 passierte dort der Super-GAU, der größte anzunehmende atomare Unfall: Eine Wasserstoffexplosion in einem der vier Reaktorblöcke zerstörte dessen Gehäuse, die Brennstäbe begannen zu schmelzen, und die katastrophale Folge war, dass ein

Chronik

28. Januar 1986
Tausende Zuschauer vor Ort und Millionen vor den TV-Geräten sehen mit an, wie in Cape Canaveral der bisher schwerste Unfall der bemannten Raumfahrt passiert: Die US-amerikanische Raumfähre Challenger explodiert kurz nach dem Start mit sieben Astronauten an Bord.

23. Januar 1986
Der Aktionskünstler Joseph Beuys stirbt in Düsseldorf im Alter von 64 Jahren. Er prägte die Vorstellung der Totalität von Kunst in allen Lebensbereichen.

26. April 1986
In der Kernkraftanlage des ukrainischen Tschernobyl kommt es zum Super-GAU. Das bisher schwerste Reaktorunglück bedeutet eine Umweltkatastrophe und kostet vielen Menschen früher oder später das Leben.

6. März 1987
Vor dem belgischen Hafen Zeebrugge kommt es zu einem schweren Fährunglück: Mehr als 200 Menschen kommen ums Leben, als die britische Kanalfähre „Herald of Free Enterprise" innerhalb weniger Minuten kentert.

16. August 1987
Steffi Graf ist die neue Nummer eins im Tennis: Mit dem Sieg beim internationalen Damentennisturnier in Manhattan Beach übernimmt sie die Führung der Tennis-Weltrangliste.

16. August 1988
Aus einem gescheiterten Banküberfall in Gladbeck (NRW) entwickelt sich ein mehrtägiges Geiseldrama, bei dem ein Polizist und zwei Geiseln sterben.

8. November 1988
George H. W. Bush wird zum 41. Präsidenten der USA gewählt.

15. April 1989
Im überfüllten Fußballstadion von Sheffield (Großbritannien) kommt es zu einer Massenpanik, bei der 95 Menschen ihr Leben verlieren.

9. November 1989
Der Eiserne Vorhang fällt. Die DDR öffnet ihre Grenze nach Westdeutschland und Westberlin.

Der atomare Super-GAU trieb in Deutschland viele Menschen auf die Straße, um gegen Atomkraft zu demonstrieren

Vielfaches an Radioaktivität freigesetzt wurde als beim Atombombenabwurf über Hiroshima. Im direkten Umfeld des AKWs lebten ca. 100 000 Menschen, deren Evakuierung erst anderthalb Tage nach der Explosion begann. Die radioaktiven Wolken breiteten sich in hoher Geschwindigkeit bis nach Nord- und Mitteleuropa aus. Von Deutschland war zunächst besonders der Süden betroffen, bevor sich die radioaktive Strahlung in der ganzen Bundesrepublik erhöhte. Unsere erschrockenen und verunsicherten Eltern gaben uns anhand strenger Verhaltensregeln weiter, was der Bevölkerung in den Nachrichtensendungen nahegelegt wurde: Wir durften auf keinen Fall mehr im Regen rausgehen, keine frische Milch trinken und kein Blattgemüse essen. Später

Fortan war Gemüse aus dem Gewächshaus oder aus der Konserve gefragt

weitete sich das Verbot auf alles im Freiland wachsende Obst und Gemüse aus und wir lebten eine Zeit lang mehr oder weniger aus der Konserve. Unsere Großeltern hielten nichts von diesen Vorsichtsmaßnahmen und aßen weiterhin frisches Gemüse. In fünfzehn Jahren, wenn der Krebs gegebenenfalls ausbrechen würde, seien sie wahrscheinlich ohnehin nicht mehr unter uns, meinten sie lakonisch. Für uns Kinder war es eine ziemlich gruselige Zeit, denn die Bedrohung war für uns nicht sichtbar und im Grunde unbegreiflich. Wir spürten jedoch die Angst unserer Eltern, Nachbarn und Lehrer und das machte die bisher größte Umweltkatastrophe der Geschichte auch für uns Kinder real.

Der neue „Perso" und die Angst vor der totalen Überwachung

Am 1. April 1987 wurde der neue maschinenlesbare, fälschungssichere Personalausweis eingeführt. Statt eines kleinen Büchleins gab es nun eine in Plastikfolie eingeschweißte Karte, die jede Manipulation oder Fälschung ausschließen sollte. Die Regierung sah in dem neuen Ausweis einen „erheblichen Sicherheitsgewinn im Kampf gegen Kriminalität und Terrorismus". Allerdings war seine Einführung wegen Bedenken von Datenschutzbeauftragten und einer Verfassungsbeschwerde bereits zweimal verschoben worden. Kritiker hatten in dem Ausweis das Werkzeug einer drohenden Massenüberwachung gesehen: Denn erstmals waren hier die Personalien wie Name, Geburtsdatum, Größe und Augenfarbe computerlesbar in Ziffern aufgelöst, wodurch die Daten bei Kontrollen in Sekundenbruchteilen abgetastet werden konnten. Es wurde befürchtet, dass das engmaschige Computernetz deutscher Sicherheitsbehörden und die denkbare Verbindung großer Datenbanken eine umfassende Kontrolle jedes Bürgers auch ohne Verdacht ermöglichen würde. Die Mehrheit der Bundesbürger stand der Kennkarte jedoch trotzdem positiv gegenüber, und so konnte sie ab dem 1. April 1987 tatsächlich ausgegeben werden.

Frogger, Pac Man und Co.

Mitte der 80er-Jahre brach die goldene Zeit der Heimcomputer an, den Vorläufern der Videokonsolen. Ihre Rechenleistung lag – im Vergleich zu aktuellen PCs – gerade mal auf Taschenrechner-Niveau (wobei der Atari 520ST noch vor „Windows“ bereits eine grafische Benutzeroberfläche hatte). Für damalige Verhältnisse waren es jedenfalls regelrechte Multimedia-Maschinen, die eine futuristische Atmosphäre in die Wohn- und Jugendzimmer brachten. Vor allem die Jungs beschäftigten sich damit Stunde um Stunde. Der „C 64“ (Commodore 64) verkaufte sich zwischen 1982 und 1993 etwa 22 Millionen Mal, die sogenannte „Brotkiste“ war für viele der erste Rechner überhaupt und diente den meisten hauptsächlich als verfeinerte Spielekonsole. Es gab aber auch ein paar Tüftler und „Freaks“, die mehr wollten: Auf keinem anderen Computer war das Programmieren so schnell zu erlernen wie auf den beiden kleinen „C“-Heimcomputern (C 64 und C 128). Schon nach wenigen Tagen konnte man, hatte man sich erst mal an das etwas umständliche Eintippen der Quellcodes gewöhnt, erste akzeptable Programme erzeugen.

Am Computer zu spielen war eine beliebte Nachmittagsbeschäftigung und dabei durften manchmal auch die Mädchen mit ran. Eins der ersten und beliebtesten Spiele war „Pac Man“. Die Legende besagt, dass der Programmierer Toru Iwatani im Jahre 1980 über einem neuen Spielkonzept grübelte. Als sein Blick auf die Pizza fiel, deren erstes angebissenes Stück er gerade in der Hand hielt, erinnerte ihn das an eine Figur mit aufgesperrtem Mund. So wurde angeblich die erfolgreichste Spielserie der damals noch jungen Computerspiel-Industrie geboren. „Pac Man“ wurde schnell zum Superstar. Er wurde auf Tassen gedruckt, prangte auf T-Shirts, Aufklebern und Krawatten.

Es folgten Spiele wie Frogger, Moon Patrol, Summer Games / Winter Games, Space Invaders und Tetris. So mancher Joystick wurde zerschlissen bei den unzähligen Malen, die man zu dritt oder zu viert vor der Kiste hockte und hochkonzentriert gegeneinander zum Turnier antrat.

Der „C 64“ – der erste Heimcomputer

Die Mode wurde bunter, die Haare wurden kürzer und mit Gel auf Glanz gebracht

Netzhemd und Karottenjeans

Bevor die modisch etwas unaufgeregteren 90er-Jahre anbrachen, wurde die Farbskala noch einmal bis aufs Letzte ausgereizt: Neonfarben waren äußerst beliebt – und das nicht mehr nur bei Textmarkern. Vor allem die Welt der Accessoires erstrahlte in futuristischem Farbglanz (Schlüsselanhänger, Taschen, Armreifen, Ohrringe, Haarspangen), aber auch so manches Kleidungsstück machte durch die eigenwillig grelle Farbgebung auf sich aufmerksam. Ein besonders typischer neonfarbener Vertreter war das Netzhemd, das nicht nur im Sommer auf der Haut getragen werden konnte, sondern bei niedrigen Temperaturen auch gerne über das Benetton- oder Jean-Pascal-Sweatshirt gezogen wurde. Frottee-Schweißbänder für Stirn und Handgelenke befreiten sich aus dem Korsett der Sport-Ausrüstung und machten den Netzhemd-„Look" perfekt. Überhaupt, der „Look" ging als völlig selbstverständliche Vokabel in unseren Wortschatz über, spätestens als mit der Erfindung des Wet Gels auf jeder

Erste Schminkversuche

Nena machte es uns vor: Stirn- und Schweißbänder, enge Hosen und weite Oberteile waren angesagt

Tube vom „Wet Look" die Rede war. Jungs wie Mädels ließen sich die Haare kurz schneiden oder zumindest stark durchstufen (hinten mussten sie länger sein als vorne!) und schmierten sich beherzt die klebrige Substanz hinein. Besonders der Igel-Look war sehr gefragt. Warum wir gegelte Haare, die wie nass wirkten, erstrebenswert fanden, lässt sich heute nur noch schwer nachvollziehen.

Spätestens mit 14 wurden wir „cool"

Die wesentlich salonfähigere Alternative zum Netzhemd war im Übrigen das Polohemd, das spätestens mit dem durchschlagenden Erfolg von Boris Becker und Steffi Graf in jeden Kleiderschrank Einzug gehalten hatte. Und wer das seinige wirklich „cool" tragen wollte, der klappte den Kragen hoch. Dieses modebewusste Detail machte auch vor uns Zwölfjährigen nicht Halt, die wir 1988 in der sechsten Klasse saßen, unsere Krägen um die Wette aufstellten und unsere Karottenjeans hochkrempelten, damit die Tennissocken besser zur Geltung kamen.

Der Kat kommt

Anfang der 80er-Jahre waren die Bundesbürger von Diskussionen um Luftverschmutzung und Waldsterben aufgeschreckt worden. Ausgerechnet das Auto, des Deutschen liebstes Kind, sollte mit seinen Abgasen daran schuld sein! Die Bundesregierung reagierte: Am 19. August 1984 beschloss sie die Einführung von Abgasreinigern, sogenannten Katalysatoren, mit denen der Schadstoffausstoß des Motors deutlich reduziert werden sollte. Ab 1989 mussten alle Neuwagen mit einem „Kat" ausgestattet werden. Der Einstieg in die Katalysator-Ära war gemacht.

Das Ende der deutschen Teilung: Glückstaumel und Bananenhysterie

Zuerst begriffen wir überhaupt nicht, was die ganze Aufregung sollte. Schließlich hatten wir den Bau der Mauer nicht miterlebt und besaßen höchstens rudimentäre geographische Kenntnisse der Deutschen Demokratischen Republik und vielleicht eine noch nie gesehene Tante, die „drüben" lebte. Spätestens am 9. November 1989 kamen wir jedoch nicht mehr drum herum, uns von unseren Eltern erklären zu lassen, weshalb sie dermaßen gebannt die Nachrichtensendungen und das Sonderprogramm verfolgten. Günter Schabowski, der Sprecher der SED, hatte am frühen Abend eher beiläufig den Text einer neuen Reiseverordnung verkündet: Ständige Ausreisen in die Bundesrepublik und nach Westberlin über alle Grenzübergänge der DDR waren nun möglich und Reisepässe sowie Ausreisevisa für Besuche und Reisen in westliche Länder sollten kurzfristig ausgestellt werden. Diese Worte verbreiteten sich wie ein Lauffeuer und führten in Bonn sogar zur Unterbrechung einer Bundestagsdebatte. Was als Zugeständnis der DDR-Regierung an die Ausreisewilligen gemeint war, ließ die aufgeregten Massen sofort zur Grenze strömen. Um 22.30 Uhr wurde in Berlin der erste Grenzübergang geöffnet. Deutschland stand eine Nacht des Glückstaumels bevor. Zehntausende kamen für einen Kurzbesuch nach Westberlin und in die grenznahen Orte der BRD. Wir lernten spätestens am Folgetag abends vorm Fernseher, was Freudentränen sind. Es war bewegend, wie sich die Menschen in die Arme fielen und vor Glück weinten. Dass wir einem historischen Großereignis beiwohnten, welches die Weltordnung vom Kopf auf die Füße stellte, wurde uns nur langsam klar.

Freude, schöner Götterfunken ...

Klassenfahrt und Konfer-Freizeit

Wir wurden von den bedeutenden politischen Ereignissen durch den in dieser Zeit für die Evangeliken unter uns beginnenden Konfirmations-Unterricht (in unserem Wortlaut „Konfer") abgelenkt. Von jetzt an galt es, sich pro Woche einmal tiefgehend mit dem Neuen Testament zu befassen, zu singen, zu beten und sich auf die dreitägige „Konfer-Freizeit" zu freuen. Man begann von den Geschenken zu träumen, die es haufenweise regnen würde und überlegte, ob man sich eine Kompaktanlage wünschen oder von den Geldpräsenten selbst kaufen sollte. CD-Player sollten erst ein, zwei Jahre später erschwinglich werden, und so waren die meisten eher zögerlich und beschlossen, damit noch zu warten. Darüber, dass die Ära der Schallplatte sich ihrem Ende zuneigte und es wenig Sinn ergab, sich einen neuen Plattenspieler zu kaufen, herrschte jedoch allgemeines Einverständnis. Der Tag der Konfirmation war ungeheuer aufregend und wir fühlten uns wahnsinnig wichtig und erwachsen. Unsere Mütter hatten schon tagelang vorher mit dem Kuchenbacken begon-

Abenteuer: Klassenfahrt und „Konfer"-Freizeit

Vorstufe zum Bluestanzen

nen und kredenzten diese auf einer langen, festlich gedeckten Kaffeetafel. Nach der Kirche, dem „offiziellen Teil“, kam die gesamte Verwandtschaft zu Besuch und drängte sich ins heillos überfüllte Wohnzimmer. Die Jungs bekamen ihren ersten Schnaps und nicht wenige ihren ersten Vollrausch verpasst. Wir Mädchen drehten uns selbstverliebt vorm Spiegel hin und her, denn endlich durften wir einmal ungeniert so viele Rüschen und Schleifen tragen wie in unseren romantischsten Träumen. Als der ganze Zauber vorbei war, fühlten wir uns dem Erwachsenenleben jedoch kein Stück näher. Wir waren vierzehn und auf dem Zenit unserer Pubertät – wer wir eigentlich wirklich waren, hatten wir noch lange nicht herausgefunden.

1990-1994

Wende, WM und „Wann werde ich endlich 18?“

Andi Brehme Fußballgott

Am Sonntag, den 8. Juli 1990, es muss kurz vor 22 Uhr gewesen sein, ging ein gewaltiger Aufschrei durch die deutschen Lande: Andi Brehme hatte gerade im fernen römischen Olympiastadion im Finale der Fußballweltmeisterschaft einen Elfmeter verwandelt! Die deutsche Mannschaft führte hochverdient 1:0 gegen Argentinien und stand kurz davor, Weltmeister zu werden. Doch noch waren 5 Minuten zu spielen ... Zäh flossen die Sekunden dahin, doch dann war es endlich so weit: Der Schiedsrichter schaute auf die Uhr, pfiff, und kurz darauf spielten sich auf deutschen Straßen und Plätzen Szenen ab, die man allenfalls den temperamentvollen Italienern zugetraut hätte: Wildfremde Menschen fielen sich in die Arme, hupende Autos verstopften die Straßen und

Chronik

18. Juli 1990
Im Endspiel der WM treffen Deutschland und Argentinien aufeinander – die deutsche Nationalelf wird Fußballweltmeister.

3. Oktober 1990
Mit dem Beitritt der Gebiete der DDR samt Ostberlins zum Geltungsbereich des Grundgesetzes für die BRD wird die Wiedervereinigung der beiden deutschen Staaten vollzogen.

12. Oktober 1990
Wolfgang Schäuble, deutscher Bundesminister des Innern, wird bei einem Schussattentat schwer verletzt.

16./17. Januar 1991
Eine alliierte Koalition aus 33 Staaten (Golfkriegs-Koalition) eröffnet mit einer Luftoffensive die Kampfhandlungen gegen den Irak („Operation Desert Storm").

14. Dezember 1991
In Berlin findet der erste Mayday-Rave statt, ins Leben gerufen von DJ Dick, Westbam und der Zeitschrift „Frontpage".

3. November 1992
Bill Clinton gewinnt in den USA die Präsidentschaftswahlen.

23. November 1992
Bei einem Brandanschlag auf zwei Häuser in Mölln werden eine 51-jährige türkische Frau und zwei Mädchen im Alter von zehn und 14 Jahren ermordet. Die Täter sind zwei rechtsradikale junge Männer.

30. April 1993
Ein geisteskranker Fan Steffi Grafs sticht bei einem Turnier in Hamburg Monica Seles ein Messer in den Rücken. Die Weltranglistenerste wird schwer verletzt.

6. Mai 1994
Die britische Königin Elisabeth II. und Frankreichs Staatspräsident Mitterrand eröffnen den Eurotunnel unter dem Ärmelkanal zwischen Calais und Folkestone.

28. September 1994
Die Fähre Estonia schlägt in der Ostsee leck und sinkt innerhalb von 30 Minuten. 918 der 1048 Fahrgäste kommen ums Leben.

Grenzenloser Jubel in Rom

überall schwarz-rot-goldene Fahnen! Deutschland nahm in dieser Nacht seine Wiedervereinigungsfeier vorweg, die Glückseligkeit kannte keine Grenzen: Ob Ost oder West – das ganze Land lag sich in den Armen. Neun Monate nach dem Mauerfall war Deutschland Fußballweltmeister! Die Glückseligkeit täuschte allerdings darüber hinweg, dass die WM in „Bella Italia" eine der schwächsten der Geschichte war: Defensivfußball und viele Spiele, die erst durch Elfmeterschießen entschieden wurden, prägten das Turnier. Rekordverdächtig war es nur in einer Hinsicht: So wenige Tore pro Spiel waren bisher noch bei keiner WM gefallen. Auch der deutsche Weg ins Finale verlief weniger glorreich, als es die durch den Weltmeistertitel gefärbten Erinnerungen im Nachhinein vorgaukelten: Sicher, das 4:1 gegen Jugoslawien im Auftaktspiel war eines der besten Spiele in der Geschichte des deutschen Fußballs, mit einem überragenden Lothar Matthäus als Regisseur. Doch schon das Achtelfinale gegen die Niederlande wurde aus ganz anderen, weniger schönen Gründen unvergesslich: Die Spuckattacke von Frank Rijkaard gegen Rudi Völler war eine der hässlichsten Szenen, die je bei einer Fußballweltmeisterschaft zu sehen waren. Die deutsche Mannschaft gewann dennoch verdient mit 2:1. Ab dem Viertelfinale gelang den Deutschen dann allerdings kein Tor mehr aus dem Spiel heraus, sie kamen nur dank Elfmetern weiter. So auch im großen Finale gegen die Argentinier, die müde und uninspiriert wirkten und den Deutschen nie gefährlich werden konnten. Diego Maradona, der Kapitän der Argentinier, der vier Jahre zuvor noch mit seinen Dribblings die Fußballfans in aller Welt verzaubert hatte, weinte nach dem Abpfiff bitterlich, während die deutschen Spieler sich vor Freude über den Triumph fast erdrückten.

Die deutsche Aufstellung im WM-Finale 1990

Bodo Illgner (Torwart), Andreas Brehme, Jürgen Kohler, Klaus Augenthaler, Guido „Diego" Buchwald, Thomas Berthold (73. Stefan Reuter), Lothar Matthäus, Thomas „Icke" Häßler, Pierre Littbarski, Rudi Völler, Jürgen Klinsmann.

Der Walkman, das Dr.-Sommer-Team und der Starschnitt

Für uns waren sie kleine Wunderkisten: Diese tragbaren Kassettenabspielgeräte, kurz „Walkman" genannt. Mit ihnen ging man auch an den trübsten Wintertagen mit einem Lächeln zur Schule, denn mit dem Lieblingslied im Ohr sah die Welt sofort ganz anders aus. Mithilfe des Walkmans verpassten wir dem Tag unseren ganz persönlichen Soundtrack. So konnte uns selbst eine ganz normale Busfahrt wie eine Hollywood-Filmszene erscheinen, in der wir die Hauptrolle spielten.

Dass die Kopfhörer uns dabei mit ihrem sperrigen Bügel quer über den Kopf nicht allzu vorteilhaft aussehen ließen, nahmen wir gern in Kauf. Und dass sie ganze Abteile im Nahverkehr mitbeschallten, störte höchstens die älteren Herrschaften, die im Bus neben uns saßen. Aber deren Beschwerden hörten wir ja nicht, da es unter unseren Kopfhörern immer noch laut genug war.

Er begleitete uns fortan überall hin: der Walkman

Um uns über unsere verehrten Popstars und Idole zu informieren, investierten wir regelmäßig unser Taschengeld in Zeitschriften wie Bravo, Poprocky und Popcorn. Hier gab es ausführliche Fotostrecken unserer Lieblinge, Interviews und vor allem Poster. Wir kleisterten unsere Zimmer damit zu. Wer sich die Bravo wöchentlich kaufte, bastelte eifrig die beigelegten Starschnitte zusammen, um schließlich Madonna, Martin Gore oder Morten Harket in Lebensgröße neben dem Kleiderschrank hängen zu haben. Natürlich wurde ganz nebenbei auch zur Kenntnis genommen, was das Dr.-Sommer-Team auf brennende Fragen – z. B., ob man im Schwimmbad schwanger werden könne und ob man normal sei, wenn man mit 15 noch nie Petting hatte – zur Antwort gab.

Nummer-eins-Hits 1990 – 1993

- *Phil Collins „Another Day In Paradise" (1990)*
- *Sinéad O'Connor „Nothing Compares 2 U" (1990)*
- *Scorpions „Wind Of Change" (1991)*
- *Salt ‚n' Pepa „Let's Talk About Sex" (1991)*
- *U 96 „Das Boot" (1992)*
- *Inner Circle „Sweat, A La La La La Long" (1992)*
- *Ace of Base „All That She Wants" (1993)*
- *Pet Shop Boys „Go West" (1993)*
- *Mariah Carrey „Without you" (1994)*

Generation Golfkrieg: Kein Blut für Öl

Im August 1990 waren irakische Truppen in Kuwait einmarschiert, plünderten und besetzten das Land. Schon wenige Stunden nach der Invasion verurteilte der UN-Sicherheitsrat die Invasion und verlangte den Rückzug der irakischen Truppen. Am 16. Januar 1991, ein Tag, nachdem ein Ultimatum des Sicherheitsrates abgelaufen war, begann ein internationales Bündnis unter Führung der USA mit der Operation „Desert Storm": Die Alliierten flogen massive Luftangriffe gegen den Irak, die schnell Wirkung zeigten: Militärische Ziele, Flughäfen, Elektrizitätsanlagen, Nachrichtentechnik, Ölraffinerien, Eisenbahnen und Brücken wurden zerstört und auch Zivilisten getötet. Am 27. Februar 1991,

Schülerdemonstration gegen den Golfkrieg

einen Tag nachdem die irakischen Truppen mit dem Rückzug aus Kuwait begonnen hatten, verkündete US-Präsident George Bush schließlich die Waffenruhe.

Für uns Schüler waren es bewegte Tage, in denen sich erstmals politisches Bewusstsein und das dringende Bedürfnis, „etwas zu tun", ausbildeten. Die Lehrer hatten Verständnis, stellten den normalen Unterricht zurück und diskutierten mit uns die Situation. Auch die Schuldirektoren unterstützten unseren Handlungstrieb und gaben uns für die große Demonstration und Kundgebung unter dem Motto „Kein Blut für Öl" schulfrei, gestatteten tägliche Versammlungen zum gemeinsamen Singen von Friedensliedern („We shall overcome") und gaben die Aula frei für Mahnwachen, die sogar über Nacht abgehalten werden durften. Der Soundtrack dieser Tage war ein Hit von R.E.M. mit dem Titel „It's the end of the world, as we know it – and I feel fine", der gerade als Single erschienen war. Auch wenn es ein bisschen makaber klingt, wir waren nun einmal im perfekten Alter für pathetische Weltuntergangsstimmung und die gemeinsamen Mahnwachen, Aktionsgruppen und Protestkundgebungen schweißten uns eng zusammen. Klar, dass so das eine oder andere Pärchen zusammenfand – wer sagt denn, dass man sich in Krisenzeiten nicht verlieben kann? Wir feierten, als der erste große Schreck über den Kriegsausbruch vorbei war, trotzdem Feten und tanzten Blues. In diesen Momenten war die wesentlich weltbewegendere Frage, ob es trotz fester Zahnspange zum ersten Zungenkuss kommen würde oder nicht.

Der erste Medienkrieg

Der Golfkrieg wurde später der erste „Medienkrieg" genannt, weil die Bombardements auf Bagdad live auf CNN übertragen wurden und weil Journalisten kaum Zugang zu unabhängigen Informationen hatten. Auf beiden Seiten wurden Berichte verfälscht und zur eigenen Rechtfertigung Gräuelberichte in den Massenmedien lanciert. So wurde beispielsweise die sogenannte „Brutkastenlüge" bekannt: Den irakischen Truppen war vorgeworfen worden, in kuwaitischen Krankenhäusern Babys aus Brutkästen gerissen und dadurch ermordet zu haben. Nach dem Krieg stellte sich heraus, dass diese Geschichte von einer Medienfirma erfunden worden war, unter Zuhilfenahme der Tochter des kuwaitischen Botschafters, die als vermeintliche Zeugin vor dem US-Kongress eine geschauspielerte tränenreiche Rede zum Besten gab. Auf irakischer Seite wurden wiederum zerstörte Industrieanlagen als Anlagen zur Gewinnung von Milchpulver ausgegeben. Seitens der Friedensbewegung wurde den US-Alliierten unterstellt, den Krieg vorrangig um den Zugang zu den riesigen Ölfeldern in Kuwait zu führen. Der Ruf „Kein Blut für Öl" wurde zum Slogan der vielen Antikriegsdemonstrationen und nächtlichen Mahnwachen, die trotz winterlicher Temperaturen während des Krieges in fast allen deutschen Städten stattfanden.

Lichterketten gegen Rechts

Nicht nur der Golfkrieg und die weltpolitische Großwetterlage gaben Anfang der 90er Grund zur Sorge. Deutschland hatte einmal mehr allen Anlass, vor der eigenen Türe zu kehren, denn Demokratie und Menschenwürde wurden von Rechtsextremismus und Ausländerfeindlichkeit bedroht. Immer wieder kam es zu Gewalt und Anschlägen mit rechtsradikalem Hintergrund. Im Jahr 1992 nahmen diese Vorfälle sprunghaft zu: Der blinde Hass forderte insgesamt 17 Tote. Skinheads und Neonazis, oft noch im jugendlichen Alter, verübten bestialische Angriffe auf ausländische Mitbürger, auf Obdachlose, Behinderte und auf Menschen, die sich öffentlich gegen die barbarischen Geschehnisse der Nazizeit aussprachen und den Fremdenhass verurteilten.

Im August 1992 verursachten Rechtsextremisten in Rostock-Lichtenhagen schwere Krawalle, an deren Anfang eine Demonstration gegen die Zentrale Aufnahmestelle für Asylbewerber stand, welche im Juli vollkommen überfüllt war und die Asylbewerber dazu zwang, mitten in einem Wohngebiet im Freien zu campieren. Die Bilder von umgestoßenen Autos, dem brennenden Asylbewerberheim und den rechtsextremen Randalierern, die den Flammen den „Hitlergruß" entbieten, gingen um die Welt und schädigten das Ansehen der Bundesrepublik nachhaltig. Besonders erschütternd war nicht nur die Brutalität der Randalierer, sondern dass sie von Tausenden Schaulustigen ermuntert und angestachelt wurden.

Der traurige Höhepunkt der Gewaltwelle von rechts, die über Deutschland hinwegschwappte, waren die Morde von Mölln bei Lübeck. Bei einem Brandanschlag auf zwei Wohnhäuser wurden eine 51-jährige türkische Frau und zwei Mädchen im Alter von zehn und 14 Jahren ermordet. Erstmals waren nicht ausländische Flüchtlinge betroffen, sondern schon seit vielen Jahren in der BRD lebende Türken, was das tatsächliche Ausmaß rechtsradikaler Gefahr

Eine neue Form des Protestes: Lichterketten

verdeutlichte. Die Täter, zwei junge Männer, meldeten sich unmittelbar nach der Tat mit „Heil Hitler"-Rufen bei der Polizei und Feuerwehr. Spätestens nach den tragischen Ereignissen in Mölln suchten viele deutsche Bürger nach Mitteln, um ihrer Wut, Trauer und ihrem Entsetzen Ausdruck zu verleihen. Ungezählte Initiativen wurden gegründet, welche Demonstrationen organisierten und Einsatz gegen Intoleranz und Ausländerhass zeigten. Dabei kam eine neue Form des stillen Protests auf: Es erstrahlten die Lichterketten gegen rechts. Bereits am 6. November 1992 hatten 300 000 Menschen in Berlin an einer offiziellen Großkundgebung teilgenommen, mit der auch die obersten Repräsentanten der deutschen Politik gegen den Fremdenhass demonstrierten. Am Abend des 6. Dezember 1992 bildeten 400 000 Menschen in München eine unübertroffen lange Lichterkette, sie erstreckte sich über 45 Kilometer. Diese Bilder gingen um die Welt. Doch auch in vielen anderen Städten versammelten sich zahlreiche Bürger auf den Straßen, darunter natürlich auch wir Schüler, die wir uns vormittags in der Schule dazu verabredet hatten, mitzuprotestieren. Wir trugen Gläser vor uns her, in die wir Kerzen gestellt hatten. Der Spätherbst war schon ziemlich kalt, aber die optische Wärme, die von dem Lichtermeer ausströmte und die unsere Solidarität mit den Opfern symbolisieren sollte, half uns über die eisigen Hände und Füße hinweg.

Wir versuchten zu begreifen, dass wir das, was wir unlängst in der Schule über den Nationalsozialismus gelernt hatten, in Zusammenhang bringen mussten mit den brutalen rechtsradikalen Übergriffen der letzten Monate. Es kam uns die Erkenntnis, dass – genau wie in den 30er-Jahren – an den schweren Ausschreitungen abzulesen war, dass es in Deutschland einen Nährboden für intolerantes und ausländerfeindliches Denken gab und dass wir bereits auf dem Schulhof Zivilcourage zeigen mussten. Wir begannen, uns als Staatsbürger einer Demokratie zu fühlen, deren Werte und Grundrechte keine immer währende Selbstverständlichkeit waren, sondern die es zu verteidigen galt.

BPM = Beats per minute

In den 90er-Jahren eroberte eine Musikrichtung die Welt, die einen ähnlichen Wirbelsturm der Begeisterung und gleichzeitigen Entrüstung auslöste, wie seinerzeit die Beatles und die Stones: TECHNO. Unsere Eltern konnten es

Zu Technomusik konnten die Raver unter uns nächtelang abtanzen

nicht fassen und reagierten auf „diesen Krach“ bestürzt, genervt und mit reichlich Kulturpessimismus. Das soll Musik sein? Dazu soll man tanzen können? Das ist ja der reinste entmenschlichte Maschinenlärm! Zum Glück durften verschiedene Genres in halbwegs friedlicher Koexistenz miteinander existieren, es gab schließlich auch noch Rock, Pop, Hip Hop, Soul usw., und viele Eltern stellten recht bald erleichtert fest, dass es beim halbwüchsigen Nachwuchs nicht jedermanns Sache war, sich das gesamte Wochenende in einem Techno Club oder auf einem Rave um die Ohren zu schlagen. Zu Technomusik tanzte man Tag und Nacht, ohne Rücksicht auf Schlafbedürfnis oder Familienleben und – weit schlimmer noch als das – einige begannen, sich mehr und mehr für Drogen zu interessieren, die das euphorische Nonstop-Gezappel zu monotonen Bässen überhaupt erst körperlich ermöglichten. Und so trat eine Art elektronische Hippie-Bewegung ihren Siegeszug an, die Red Bull, Ecstasy und LSD hochleben ließ und von kollektiven Gemeinschafts- und Liebeserlebnissen schwärmte. Der DJ wurde zum Gott hochstilisiert und das gigantischste Zeremoniell der Techno-Adepten war, wenn man so will, die Loveparade. Bereits 1993 tanzten 31 000 junge Menschen unter dem Motto „The Worldwide Party People Weekend“ über den Berliner Kurfürstendamm und hatten dabei wohl das Gefühl, die Alleinherrschaft über den Planeten angetreten zu haben. Weit gefehlt. Wie oben angedeutet, gab es nicht wenige Teens, die Techno verachteten oder schlichtweg ignorierten. Es gab mehr als eine Parallelwelt. Guns' n' Roses, Lenny Kravitz, U2, Madonna – um nur einen Bruchteil der alternativen musikalischen Ausrichtungen zu skizzieren. Auf große Konzerte zu gehen und dafür einen Batzen Geld auf den Tisch zu legen, war keine Ausnahme, sondern ein funktionierender Kreislauf von Angebot und Nachfrage. Die Stars tourten (um den Verkauf von Alben anzuheizen) und wir mussten sie unbedingt sehen (und hören!), koste es, was es wolle. Oder zumindest fast.

Damit einher ging eine technische Revolution, die sich anschickte, dem Vinyl den Garaus zu machen: Plattenspieler und Kassettenrecorder wurden vom CD-Player abgelöst. Der perfekte digitale Klang würde uns die analoge Gemengelage von rauschenden und knisternden Störgeräuschen schlagartig abgewöhnen, so hieß es. Wäre nicht das höchste der Gefühle ein eigenes Gerät? Wir fieberten Weihnachten oder dem nächsten Geburtstag entgegen. Als das Objekt der Begierde endlich in unserem Jugendzimmer prangte, ließen wir unsere Kassetten- und Schallplattensammlungen stiefmütterlich links liegen. Jahrelang hatten wir sie gehegt und gepflegt, Stunde um Stunde vor dem Radio verbracht, um uns via „Record"-Taste aus den Hitparaden gefällige Mix-Kassetten zusammenzustellen. Doch nun gab es die Taschengeld verschlingende CD und wir arbeiteten an einer neuen musikalischen Kollektion.

Party war jetzt angesagt.

Berühmte Filme der 80er- und 90er-Jahre

- ***1981***
  „La Boum – Eltern unerwünscht" wird zum Teenie-Dauerbrenner der 80er.
- ***1982***
  Der heimwehkranke „E.T. – Der Außerirdische" rührt Millionen großer und kleiner Kinobesucher zu Tränen.
- ***1985***
  „Otto – Der Film" läuft an und wird zum erfolgreichsten und lustigsten Film der 80er-Jahre.
  Michael J. Fox reist „Zurück in die Zukunft". Geschichtsphilosophie für Teenager!
- ***1987***
  „Dirty Dancing" mit Patrick Swayze und Jennifer Grey löst einen Run auf Tanzschulen in ganz Deutschland aus und wird zum Kultstreifen der späten 80er-Jahre.
  „Stand by me – Das Geheimnis eines Sommers" mit dem noch ganz jungen River Phoenix läuft an. Die Geschichte einer Jungs-Freundschaft packt uns Mädchen mindestens genauso sehr. Wir haben alle eine Träne im Knopfloch.
- ***1989***
  Peter Weirs Film „Der Club der toten Dichter" bringt eine ganze Generation von Schülern dazu, über den Sinn des Lebens nachzudenken.
- ***1990***
  Ein neuer Star ist geboren! „Pretty Woman" mit Julia Roberts läuft in den deutschen Kinos an.
- ***1991***
  Mit „Go Trabi Go" kommt die Wiedervereinigung auch im Kino an.
  Bei der Oscar-Verleihung gewinnt Kevin Costners Film „Der mit dem Wolf tanzt" (1990) sieben „Academy Awards", u. a. als bester Film und für die beste Regie.
  „Das Schweigen der Lämmer" mit Anthony Hopkins als Kannibale Hannibal Lector und Jodie Foster als FBI-Agentin garantiert Ekel, Schauer und Gruseln vom Feinsten.
- ***1992***
  Kein Film sorgt 1992 für mehr Wirbel als der Erotik-Thriller „Basic Instinct" mit seinen Gewalt- und Sexszenen und Sharon Stone als eiskaltem Vamp.
- ***1993***
  Mit Steven Spielbergs computeranimierten Dinosauriern in „Jurassic Park" beginnt ein neues Zeitalter für das Special-Effect-Kino.
- ***1994***
  Die US-amerikanische Literaturverfilmung „Forrest Gump" mit Tom Hanks in der Hauptrolle gewinnt sechs Oscars.

Fahrschule – Eine harte Prüfung

Es gehörte zum guten Ton und stand für viele von uns von vornherein fest, möglichst um den 18. Geburtstag herum den Führerschein zu erwerben – dafür sparten wir selbst oder unsere lieben Eltern schon lange zuvor. Die eigenen Eltern und so manch ein Verwandtschaftsmitglied bestätigten es uns bereits im Voraus: „Die Fahrprüfung ist im Grunde die härteste im Leben, dagegen ist selbst das Abitur eine Spazierfahrt." Und irgendwie sollten sie Recht behalten. Auf diese eine Stunde praktische Fahrprüfung konnte man sich noch so gut und lange vorbereiten – es blieben dennoch tausend Unsicherheitsfaktoren (beispielsweise alle anderen Verkehrsteilnehmer!), die durch unvorhergesehenes Verhalten, dem man bei all der Aufregung nicht gewachsen war, den Traum von der eigenen Pappe zerplatzen lassen könnten. Doch der Weg ist das Ziel und bevor man sich für die finale Fahrstunde den Gurt anlegte, kamen lange Wochen des theoretischen und praktischen Lernens. Und irgendwann, nach mehr oder weniger vielen Fahrstunden und Prüfungsanläufen, hielten wir ihn alle in der Hand, den begehrten „Lappen".

Mit dem Rucksack durch die Welt

Anfang der 90er-Jahre sorgte ein spezielles Angebot der europäischen Bahngesellschaften für ein neues Jugendreisephänomen: Interrail. Von Finnland bis Marokko inkl. Fähre für 500 DM, in 30 Tagen, 18 Länder und somit 15 000 Kilometer Strecke. Die meisten Interrailer durften sich Teenager nennen und verreisten das erste Mal in ihrem Leben ohne Eltern. Aber dafür so richtig: weit, lang und abenteuerlich. Mehr oder weniger an den riesigen Tramper-Rucksack gekettet, in dem ein Zelt, der Gaskocher und die gute Aldi-Salami

Die angesagteste Art zu reisen: Interrail

(als eiserne Notration!) Platz finden mussten, ging es auf dem schnellsten Weg raus aus Deutschland und hinaus in die Welt. Um Übernachtungen in Herbergen oder Hotels zu sparen, nahm man den nächstbesten Nachtzug, in dem ein unbequemes Nickerchen gehalten wurde, und auf den zahlreichen angesteuerten Bahnhöfen erkannte man sich an dem Rucksack-Monstrum untereinander schon von weitem. Wie eine große internationale Jugendbewegung fühlte es sich an, wenn abends beim Lagerfeuer am Strand zu den Klängen einer akustischen Gitarre „Under the Bridge" von den Red Hot Chili Peppers angestimmt und der Song aus voller Kehle gemeinsam geträllert wurde – ein französischer, italienischer und deutscher Akzent waren das Mindeste, was dabei an Sprachenvielfalt herauszuhören war. Nach vier Wochen Abenteuerfahrt brachte man zahlreiche aufregende Reiseerinnerungen und einen Berg unbeschreiblich dreckiger Wäsche mit nach Hause. Letzterer trübte Mutters grenzenlose Erleichterung darüber, dass ihr Sprössling heile zurück war, nur unerheblich ...

„Smells like teen spirit"

Wir waren endlich 18 und fühlten uns, als würde das Leben von nun an nur noch aus unbegrenzten Möglichkeiten bestehen. Endlich Auto fahren, bis ultimo tanzen gehen und genüsslich die Gedanken an die ersten eigenen vier Wände weiterspinnen. Auf die Jungs kam die Entscheidung zwischen Bundeswehr und Zivildienst zu. Die Musterung war für viele das letzte Argument gegen den Dienst an der Waffe, andere wiederum sahen der einjährigen Pflichtausübung in Camouflage-Bekleidung freudig entgegen. Beide Dienste sollten eine Menge Schweiß und manchmal sogar Tränen kosten und die entscheidende, im Vorfeld unterschätzte letzte Etappe des Erwachsenwerdens darstellen.

Möglichst erwachsen rüberkommen: Bier und Zigaretten

Die Mädchen konnten sich entweder für einen freiwilligen sozialen Dienst entscheiden, sich aber auch gleich um einen Ausbildungsplatz kümmern oder mit Hürden wie der ZVS (Zentralstelle für die Vergabe von Studienplätzen) oder dem Numerus Clausus herumschlagen. Plötzlich war sie da, die heiß ersehnte Zukunft, und wir durften endlich selbst entscheiden, wie wir die Weichen für unser weiteres Leben stellen wollten. Zumindest theoretisch war dies so. Praktisch sahen wir uns mit tausend gut gemeinten Ratschlägen unserer Eltern konfrontiert, nicht selten auch mit massivem Erwartungsdruck, der die Freude über die Eigenverantwortlichkeit gehörig schmälern konnte. Bei weitem nicht alle ließen sofort mit der Volljährigkeit das Elternhaus hinter sich und wussten das „Hotel Mama" durchaus noch ein Weilchen zu schätzen. Vor allem, wenn man ein eigenes kleines Auto besaß und somit Unabhängigkeit pur genoss, war es nicht das Schlechteste, die Wäsche noch gemacht zu bekommen und sich um das Essen nicht selber kümmern zu müssen. Es war natürlich nicht so einfach, im Elternhaus mit dem festen Freund oder der festen Freundin ungestörte Zweisamkeit genießen zu können. Glücklich war, wer ein Zuhause mit halbwegs schalldichten Wänden oder sogar seinen eigenen kleinen Wohnbereich hatte. Umso wichtiger war dennoch die Beschallung durch schmalzige Rockballaden, denn man wollte den lauschenden Geschwistern ja kein Erfolgserlebnis gönnen, wenn man sich beim Knutschen ein wenig gehen ließ.
Es war jetzt alles im Begriff, irgendwie anders zu werden, und wir spürten,

dass wir nicht nur viel Neues vor uns hatten, sondern uns auch von unserer Kindheit endgültig verabschieden mussten. Besonders, wer wegen eines Jobs oder für das Studium den Umzug in eine andere Stadt vorbereitete, sah seine Eltern und das vertraute Umfeld plötzlich mit anderen Augen. Eigentlich war es doch eine gute Zeit gewesen, auf die man jetzt zurückblicken konnte. Dass wir eigentlich noch immer blutjung und längst nicht so erwachsen waren, wie wir uns mit 18 fühlten, wurde uns erst Jahre später beim Betrachten alter Fotos bewusst – manche hatten ja noch nicht einmal das letzte bisschen Babyspeck abgeworfen, als sie möglichst cool mit Kippe und Bier auf einer Fete für die Kamera posierten. Die Mode sollte noch einige Kapriolen schlagen und vor allem immer mehr Trends, auch Retro-Trends, gleichzeitig gelten lassen. Filzige Dreadlocks inklusive Batikhemd und Joint gehörten genauso zum Erscheinungsbild unseres Jahrgangs wie gegelte Popperfrisuren, Plateausohlen und Glitzer-Röckchen. „Smells like teen spirit" von Nirvana, der durchstartenden Grunge-Rockband aus Seattle, war die Hymne unserer letzten zwei, drei Jahre als Teenager. Als Kurt Cobain sich 1994 umbrachte, waren wir geschockt und auch wütend. Wie konnte man sein Leben einfach so wegwerfen? Noch dazu, wenn man so begnadete Musik machte? Wir hatten noch alles vor uns und wollten jetzt loslegen. Da waren eine Menge Kraft und Lebensgier, aufzuhalten durch nichts und niemand.

Letzter Prüfungstag: Schulbank ade!

Für alle ab 18

Unsere Jahrgangsbände gibt es für alle Jahrgänge ab 1921 bis zum aktuellen 18. Geburtstag, auch als DDR-Ausgabe.

Sie suchen ein Buch ...

... über Ihren Jahrgang?
... über Kindheitserinnerungen?
... über Ihre Stadt oder Region?
... mit regionalen Rezepten?

Sie finden es unter www.wartberg-verlag.de

Wartberg-Verlag GmbH
Im Wiesental 1
34281 Gudensberg-Gleichen
Telefon: (0 56 03) 93 05 - 0
Telefax: (0 56 03) 93 05 - 28
E-Mail: info@wartberg-verlag.de
www.wartberg-verlag.de